김하나

부산 해운대해수욕장 근처에서 유년기를 보냈기 때문인지 휴양지 정서를 품은 음악을 애호하고 세계 곳곳의 바닷가 대도시를 좋아한다. 어릴 적부터 대중음악을 열심히 듣는 아이였고 초등학교 6학년 때 처음으로 산 카세트테이프는 이문세 5집이었다. 블랙 뮤직의 영향이 점점 커지던 1990년대에 학창 시절을 보낸 것이 큰 행운이라고 생각한다. 고1 때부터 지금까지 듀스의 팬이며, 서울로 대학 진학 후에는 수입 음반을 구하러 향음악사와 상아레코드를 줄기차게 드나들었다. 국내에 음악 페스티벌이 처음 생기기 시작하자 거의 모든 곳을 찾아다니다 황선우와 여러 번 마주치며 친해졌다. 쓴 책으로 『금빛 종소리』 『말하기를 말하기』 『여자 둘이 살고 있습니다』 등이 있다.

황선우

해운대 옆 광안리해수욕장 근처에서 자랐으며, 초등학교 6학년 때 처음 용돈을 모아 유재하의 데뷔 앨범 《사랑하기 때문에》 카세트테이프를 샀다. 한참 뒤 나만의 워크맨을 가지게 되었고, 심야 라디오 중간에 DJ의 코멘트가 들어가지 않게 노래를 녹음하는 기술이 점점 늘었다. 대학 시절에는 아르바이트비를 받으면 신촌 향음악사로 달려가 스탄 게츠부터 블러까지 CD를 사 모으느라 탕진했다. 첫 회 지산 밸리 록 페스티벌과 처음 갔던 코첼라에서 느꼈던 공기가 음악을 들을 때면 여전히 떠오른다. 요즘은 클래식 공연을 진지하게 관람하고 그에 대해 공부하는 게 즐겁다. 쓴 책으로 『아무튼, 리코더』 『최선을 다하면 죽는다』 『여자 둘이 살고 있습니다』 등이 있다.

MID-CITY ISLAND
MINA
STUDIO UNO 66
blur
Intermodulation
Bill Evans
Jim Hall
Orphans
Silk Sonic
omara
사랑하기 때문에
유재하
AMY WINEHOUSE
LIONESS:
HIDDEN
TREASURES
ANTONIO CARLOS JOBIM
WAVE
A CHARLIE BROWN CHRISTMAS
VINCE GUARALDI TRIO
Tahiti 80
Wallpaper For the Soul
WE CARE

하와이 딜리버리

hawaii delivery

Playlist

BGM

팝 키즈 두 사람의 인생 BGM

hawaii delivery

Playlist

BGM

선곡과 글 김하나 황선우

일러두기

1 ― 인명과 지명 등 외래어는 '국립국어원 외래어 표기법'을 따르되, 이미 널리 통용된 경우 그대로 표기했다.

2 ― 노래, 영화, 드라마, 뮤지컬 제목은 < >로, 음반 제목은《 》로 묶었다.

3 ― 표지의 QR코드는 하와이 딜리버리 플레이리스트 전체를 담은 것으로 각각 스포티파이와 유튜브 링크이다. 본문의 QR코드는 유튜브 플레이리스트 중 해당 페이지의 첫 곡부터 들을 수 있게 했다. 다만, 그 후의 곡들은 랜덤으로 플레이된다.

목차

프롤로그

"오늘 같은 날은 이 곡 아닐까?" 같은 나이, 비슷한 경험, 조금 다른 음악 취향을 가진 두 사람의 '팝 키즈'*가 서로에게 들려준 음악들이 쌓여 하나의 공통 리스트가 되었습니다. 둘만 듣고 말기는 아까워 트위터 계정을 열고, 번갈아 하루에 한 곡씩을 짧은 글과 함께 소개했습니다. 일상 속에 휴양지의 바람을 훅 불어넣는, 우리를 한순간에 먼 여행지로 데려가는 노래들을 모았죠. 심지어 고향도 부산으로 같은 두 사람은 각기 해운대와 광안리 해수욕장 인근에서 유년기를 보냈기에 휴양지의 정서를 몸으로 알고 있었습니다. 이십 년쯤 뒤에 우리가 바닷가에 바를 연다면, 열린 창으로 부드러운 바람이 넘어 들어온다면, 그곳에서 이런 음악들이 내내 흘러나온다면 아주 행복하겠다는 상상이 함께했습니다. 그렇게 두 명의 DJ가 운영하는 가상의 칵테일바 하와이 딜리버리 @hawaii_delivery는 915곡, 60시간이 넘는 방대한 플레이리스트를 가지게 된 것입니다. '하와이 딜리버리'는 마침 계정을 만들던 때 노트북 옆에 놓여 있던 키링에 적힌 말이었어요.
하와이 딜리버리는 한 곡 한 곡 작품성을 평가하며 수집한 감상용 목록이 아닙니다. 하루 한 곡씩의 휴식이자, 한집에 살며 블루투스 스피커를 공유하는 두 사람이 음악으로 주고받은 대화입니다. 그날의 우리를 감싸는 공기가 이런 온도와 습도이기를 바라며 채운 음악의 덩어리랄까요. '서울의 빽빽한 일상에 한 곡 분량의 바다를 끼워 넣는다'는 느낌이 선곡의 방향이었습니다. 칵테일바에 온 손님들이 나른하게 긴장을 풀었다가도 종종 흥이 오를 수 있도록 설계하기도 했죠. '번갈아

하루 한 곡'의 루틴은 2017년 봄에 시작, 2021년 초까지 이어졌습니다. 플레이리스트 대유행 전이었고, 추천 알고리즘에 기대기보다는 직접 돌아다니며 수집한 곡들이었어요. LP와 카세트테이프 시대부터 출발해 CD와 음원 파일을 모으고, 숱한 페스티벌과 공연에 다니며 오랜 시간 인생과 함께 쌓아온 곡들을 꺼냈습니다. 우연히 새로 알게 되어 막 사랑에 빠진 노래도 소개했습니다.

세계가 함께 통과한 코로나19의 침울한 시기에 업로드는 자연스레 잦아들었는데, 이렇게 새삼 보석함을 열어 소개하는 이유는 단 한 가지입니다. 다시 들어도 이 플레이리스트가 멋지기 때문에. 우리의 선곡이 뛰어나다는 뜻이 아니라, 쉽게 꺼지지 않고 시대를 이어가는 음악 자체의 생명력이 강력하기에 그렇습니다. 소중하게 채웠고 긴 시간 우리를 기쁘게 했던 하와이 딜리버리 리스트를 이렇게 여러분과 공유합니다. 스포티파이와 유튜브에 길디긴 플레이리스트가 올라와 있으니 랜덤으로 걸어두고 일상의 BGM으로 활용하시면 든든하겠습니다. 스포티파이에 없는 곡들은 유튜브에서만 들을 수 있다고 표시해두었어요.

봄, 여름, 가을, 겨울의 사계절로 파트를 나누고 365일마다 각 날짜에 업로드했던 곡과 소개글 몇 년 치를 한 페이지에 모았습니다. 때로는 그날을 더 충실하게 느끼게 해주는, 가끔은 전혀 다른 계절 속으로 훌쩍 이동시키는 음악을 날씨의 영향으로 선곡한 때가 많아서입니다. 곡의 순서와 날짜를 조금씩 옮기기도 했지만 매일의 흐름을 거의 그대로 수록했습니다. 여러분에게 특별한 의미를 가지는 날짜를 펼쳐 그 곡들부터 우선 들어보시는 방식도 추천합니다. 편애하는 달이나 계절이 있다면 그 페이지로 직진하셔도 무방합니다.

스페인, 브라질, 스웨덴, 이탈리아… 다양한 국적과 언어의 뮤지션들 이름은 외래어 표기법을 존중하되 오래 불러온 몇몇 이름들은 정확함보다 친숙함을 따랐음에 양해를 구합니다.

어떻게 읽고 듣고 활용하셔도 괜찮습니다. 다만 이 음악 속에서 저희가 누려온 풍요와 행복, 코앞의 삭막한 일상에서 눈을 돌려 멀리 수평선을 상상하는 시간이 여러분에게도 가닿기를 바랍니다.

✣ 펫 숍 보이스의 〈The Pop Kids(2016)〉에서 차용한 표현입니다.

봄

선우 하나씨.

하나 네, 선우씨.

선우 봄에는 어떤 음악을 듣나요? 3월, 4월, 5월의 하와이 딜리버리 리스트를 정리하며 봄에 선곡한 음악들을 살펴보니 어떤 특징이 있었어요?

하나 우리가 먼 훗날 운영하고 싶은 바닷가의 칵테일바를 생각하며 음악을 골랐잖아요? 겨울 바다라는 심상은 무채색 느낌이 드는데, 여기에 햇빛이 점점 비쳐서 수면이 반짝이기 시작하고 푸른빛이 조금씩 돌아오는 느낌을 상상하며 음악을 찾았던 것 같아요.

선우 맞아요, 봄에는 만물이 생동하기 시작하는 때니 음악도 조금씩 에너지와 생기를 품은 것들을 찾게 되는 듯하네요. 새로 나오는 연한 잎이나 피기 시작하는 작은 봄꽃들처럼.

하나 아지랑이 같은 곡들이 많아요. 가볍게 피어오르고, 잘그랑거리고, 간질간질한 곡들. 우리의 곡 설명에도 이런 표현들이 반복돼요.

선우 봄은 이 리스트를 시작한 계절이기도 하죠. 각자가 처음으로 선곡한 곡은 뭐였을까요.

하나 저는 1975년에 발표된 해롤드 멜빈 & 더 블루 노츠의 <Hope That We Can Be Together Soon>을 골랐어요. 앞서 말한 가벼운 아지랑이 같은 곡들과는 좀 다르지만, 두둥실 떠오르는 느낌이 있어요.

선우 첫 선곡부터 알 수 있듯 하나씨는 리듬과 그루브를 중요하게 생각하죠. 상대적으로 저는 멜로디에 집착하는 편이고, 음률이 예쁜 곡들에 대한 선호가 강하고요. 이렇게 서로 음악 취향이 다른 부분 때문에 공통의 리스트가 더 풍성해진 것 같아요. 저는 첫 선곡으로 존 레논의 1974년 곡인 <#9 Dream>을 소개했는데, 우리 둘 다 태어나기 전 1970년대 음악을 고른 점도 재미있네요.

하나 그건 우리가 둘 다 음악을 꽤나 열심히 찾아가며 들었다는 뜻일 거예요. 지금은 스마트폰으로 자기 취향의 곡을 시대를 넘어서 얼마든지 쉽게 찾아 들을 수 있는 환경이지만, 우리가 자랄 때만 해도 대중매체에서 쉽게 들을 수 없는 곡들은 카세트테이프나 LP, CD처럼 물성이 있는 음반을 구하러 발품도 팔고 정보도 찾아 헤매야 했죠.

선우 그래서 한 곡 한 곡을 대하는 감각이, 스트리밍 시대 이전에는 달랐던 것 같아요. 훨씬 귀하고 소중했죠. 그만큼 음악 감상 환경이 불편하기도 했고요. 좋은 음악을 틀어주는 공간을 발견하면 그곳이 중요한 아지트가 되었죠. 거기서 음악 취향이 맞는 사람과 만나게 되기도 하고요.

하나 그렇게 발견해서 오랫동안 소중히 들어온 추억의 음악도 하와이 딜리버리 리스트에 반영되었지만, 여러 해 동안 리스트를 업데이트하면서 자연스럽게 그즈음의, 그러니까 스트리밍 시대의 음악들도 무수히 들고나게 됐죠. 음악뿐만 아니라 수많은 것들이 선곡에 영향을 미쳤다는 걸 정리하면서 깨달았는데, 가장 큰 건 날씨더라고요. 그날의 온도, 바람, 구름, 이파리들의 색깔, 심지어 뉴스,

사람들의 옷차림까지 어떤 음악을 연상시켜요. 봄에 고른 노래들의 특징 중 하나는 나른하고 졸리다는 거예요. 춘곤증이 함유된 노래들이랄까요.

선우 음악은 그 자체로 보편적인 언어잖아요. 가사로 직접 표현하지 않아도 리듬이나 멜로디, 악기 사용이나 사운드 톤 같은 다양한 요소로 여러 감각을 전달하죠. 음악의 언어로 이런 나른함이나 아스라함을 공통적으로 느낀다는 게 신기하고 재밌어요.

하나 왜 예전에 어느 친구가 "이 음악은 낮이다, 이 음악은 밤이다"라는 표현을 책에서 읽고 너무 신기하다고 말하니까, 우리 둘 다 "당연히 낮 음악과 밤 음악은 다르지!"라고 대답했던 게 생각나네요. 그렇게 따지면 봄 음악들은 아침부터 이른 오후쯤의 정서 아닐까요? 사계절을 하루라고 친다면요.

선우 아침이 아니라?

하나 우린 아침 일찍은 잘 안 일어나니까 그럼 봄이 너무 짧아지잖아요...

Harold Melvin & The Blue Notes <Hope That We Can Be Together Soon>

해롤드 멜빈 & 더 블루 노츠의 < Hope That We Can Be Together Soon(1975)>. 몽글몽글한 인트로부터 보컬 시작 부분까지만 들어도 순식간에 기분이 하늘을 날아오르는, 멋진 곡입니다.

John Lennon <#9 Dream>

존 레논의 <#9 Dream(1974)>에는 롤러코스터에 탄 것처럼 배가 싸아해지는 대목이 있어요. 왠지 하와이 말 같기도 한 '아바와카와 포세포세' 하는 가사가 무슨 뜻인지 늘 궁금했는데 아무 의미 없다네요.

Maye <Tú>

메이의 <Tú(2019)>입니다. 베네수엘라 출신으로 마이애미에서 자란 싱어송라이터고, 그래서 스페인어와 영어 양쪽을 오가며 음악을 만들어요. 뮤직비디오의 무드처럼 근심 없이 낙천적인 여름의 이상을 그리워하게 만드는 사랑 노래입니다.

Spandau Ballet <True>

브리티시 팝 밴드 스팬다우 발레의 <True(1983)>입니다. 많은 곡에 샘플링되어 친숙한 기타 리프와 코러스만 들어도 기분이 좋아지는 곡이죠.

Doris Day & Andre Previn <My One and Only Love>

도리스 데이와 앙드레 프레빈 트리오의 <My One and Only Love(1962)>입니다. 배우로 명성 높았던 도리스 데이가 재즈 싱어로서의 존재감을 드높인 앨범이었죠. 수많은 가수들이 불렀지만 그중에서도 참 좋아하는 녹음이에요. 2011년 앨범에 실린 리마스터 버전입니다.

D'Angelo <Feel Like Makin' Love>

겨울에서 봄으로 넘어가는 햇살이 간질간질하게 따스한 날 어울리는 곡입니다. 디안젤로의 <Feel Like Makin' Love(2000)>. 로버타 플랙의 원곡도 물론 좋지요.

Brazilian Wax <Viaggio Sola>

<Viaggio Sola(2005)> 보사노바와 칸초네 사이쯤 활달한 노래입니다. 이탈리아 남부 출신 브라질리언 왁스는 팀 이름이 이런 탓에 보컬의 이름(Sara Barbone) 정도 외엔 검색이 어렵네요. 'Viaggio Sola'라는 곡 제목은 이탈리아어로 '혼자 여행 중'을 뜻한다고 합니다. 유튜브에서 들을 수 있습니다.

유영선과 커넥션 <새벽길>

유영선과 커넥션의 <새벽길(1989)>입니다. 작·편곡 기타를 맡았던 유영선과 세 명의 전문 연주인들로 구성된 이 팀은 당시 한국에 드물었던 퓨전 사운드를 선보였는데, 그중 낙천적이고 가벼운 느낌을 주는 곡입니다. 지금 듣기에는 매끄럽지 않은 부분들이 오히려 매력이에요. 이 곡은 유튜브에서만 들을 수 있습니다.

Phony Ppl <HelGa.>

포니 피플의 <HelGa.(2015)>입니다. 다양한 장르를 믹스매치하면서 드라마틱하게 곡을 전개해 나가는데, 끝까지 서정적인 감수성을 놓치지 않습니다. 석양이 지는 노란 하늘 아래로 구름이 깔려 있는, 앨범 재킷의 아련한 그림이 잘 어울리는 음악이에요.

Connan Mockasin & Devonté Hynes <Feelin' Lovely>

코난 모카신 그리고 블러드 오렌지라는 이름으로 더 알려진 드본테 하인즈가 함께 만든 <Feelin' Lovely(2015)>입니다. 단순하고 쫄깃한 리듬 위로 주고받는 목소리, 여백이 많은 연주와 사운드, 서두르지 않는 여유, 모든 것이 사랑스러운 조합이에요.

Песняры <Зачарованная моя>
크루앙빈이 선곡한 컴필레이션 앨범 《Late Night Tales(2020)》에 실린 페스냐리(Песняры, 이렇게 읽는 듯합니다)의 <Зачарованная моя>입니다. 1969년부터 활동한 벨라루스의 포크록 밴드의 곡으로 소박한 듯하면서도 무척 로맨틱해요.

The Beach Boys <Kokomo>
여름의 송가, 휴가의 찬가 같은 곡이죠. 휴양지들의 이름을 하나씩 나열하는 가사를 듣고 있으면 느릿한 바람이 야자수를 천천히 흔들고 따뜻한 모래가 발가락을 간지럽히는 어딘가로 좋아하는 사람과 떠나고 싶어져요. 비치 보이스의 <Kokomo(1989)>입니다.

Dre'es(ft. Mia) <Warm>
바람 따라 이리저리 흩날리는 옷자락처럼 가볍고도 얇은 노랫소리와 랩이 열대성 기타 소리에 얹힌 곡입니다. 드리스 feat. 미아의 <Warm(2017)>. LA 근처 윌밍턴 출신의 뮤지션인데 사운드클라우드를 통해 음악을 내놓곤 해요.

Rosemary Clooney & John Pizzarelli <Waters of March>
로즈메리 클루니와 존 피자렐리의 듀엣 <Waters of March(2000)>입니다. 수많은 편곡으로 연주된 보사노바 고전 <Águas de Março>의 영어 버전 중 하나죠. 여유롭게 나이 든 여성 보컬, 딕시랜드풍의 밝은 기타 연주가 푸근해요.

Chet Baker <Let’s Get Lost>

‘길을 잃어요, 서로의 품 안에서’라는 가사로 시작하는 노래에 반하지 않을 도리가 없지요. 쳇 베이커의 <Let’s Get Lost(1955)>입니다. 조용하고 관조적인 목소리가 노랫말에 실린 감정을 섬세하게 드러냅니다.

녹두 <머물러줘>

녹두의 첫 EP 중 <머물러줘(2019)>입니다. 한밤에 가로등이 늘어선 대도시 외곽도로를 달리는 것 같은 곡이죠. 몇 달 후 찾아올 어느 여름밤을 상상하게 합니다. 빈티지 신시사이저와 어우러지는 목소리가 참 매력적입니다.

Silk Sonic <Leave the Door Open>

실크 소닉의 <Leave the Door Open(2021)>입니다. 브루노 마스와 앤더슨 팩의 프로젝트 팀이라니 조금 뜻밖이었는데 둘의 색깔이 썩 잘 어울리지요. 2021년 발표된 곡이지만 1970년대 바이브가 충만합니다.

Julio Iglesias <La Mer>

훌리오 이글레시아스가 프랑스어로 부르는 <La Mer>. 영화 <팅커 테일러 솔저 스파이> 마지막 장면에 쓰인 이후로 이 노래를 들을 때면 복잡미묘한 감정이 느껴집니다.

The Bird and the Bee <Recreational Love>

미국 일렉트로 팝 듀오 더 버드 앤 더 비의 <Recreational Love(2015)>입니다. 여가 활동 같은 사랑이라니 문제적 제목이에요. 앨범 재킷에 테니스를 치는 사람들의 그림이 그려져 있는데, 테니스에서 '러브'는 0을 의미하지만 인생에서는 전부일 수도 있지요.

Bane's World <Drowsy>

캘리포니아 롱비치 출신 밴드 베인스 월드의 <Drowsy(2016)>입니다. 기타 연주가 참 듣기 좋죠. 바다 수영을 마친 뒤 따뜻한 타월로 몸을 감싸고 머리카락을 말릴 때 같은 나른함이 느껴져요.

Paul McCartney <I'm Gonna Sit Right Down and Write Myself a Letter>

폴 매카트니가 어릴 적 좋아했던 노래들 위주로 녹음한 소품집 같은 앨범 《Kisses on the Bottom(2012)》 중에서 <I'm Gonna Sit Right Down and Write Myself a Letter>입니다. 지구상 최고의 아이돌이었던 사람이 일흔 살이 되어 부르는, 포근하고 달콤한 곡이죠.

Henri Salvador <Jazz Mediterranée>

휴양지의 훈풍 같은 앙리 살바도르의 음성. 2000년대 초반은 부에나비스타소셜클럽의 재발견과 《Chambre Avec Vue(2000)》 앨범이 노년 뮤지션들에 대한 전무후무한 공경심을 갖게 했던 즈음이지요. <Jazz Mediterranée>입니다.

Summer Salt <Heart and My Car>

텍사스 오스틴 출신의 인디 밴드 서머 솔트의 <Heart and My Car(2018)>입니다. 밝고 나른하고 파도 소리가 들리는 듯한 1960년대풍 사운드를 들려주는데, 앨범 제목인 《Happy Camper》라는 말이 곡의 정서를 그대로 반영하는 것 같아요.

Nat King Cole <Aquellos Ojos Verdes>

냇 킹 콜의 스페인어 발음에는 나름의 맛이 있지요. <Aquellos Ojos Verdes(1959)>입니다. '그 녹색 눈동자'라는 뜻이에요. 영화 <화양연화> OST로도 쓰였습니다. 참 감미로운 곡입니다.

Sore <Karolina>

인도네시아 밴드 소어의 <Karolina(2008)>입니다. 주말 밤의 아쉬움을 느릿하게 달래줄 것 같은 노래입니다. 어딘가 빛과 소금 같은 한국 밴드의 음악도 떠오르네요. 달콤한 멜로디가 부드럽게 흘러가다가 드라마틱한 연주로 훅 순간 이동하는 부분이 특히 좋아요.

Kylie Minogue <Magic>

여성의 날을 축하하며, 1979년부터 연예 활동을 시작해 지금까지도 최고의 디바인 카일리 미노그의 <Magic(2020)>을 골라봤습니다. 이 곡이 실린 《Disco》 앨범은 기운을 끌어올리고 싶을 때 아주 효과가 좋으니 참고하세요.

Khruangbin <Friday Morning>

3월 초의 아침에 들으면 봄을 당겨올 것 같습니다. 아직은 굼뜬 듯도 하고 조금쯤 꼼지락거리는 듯도 한, 크루앙빈의 <Friday Morning(2018)>입니다. 느슨하다 곧 조여지곤 하는 템포가 7분 가까이를 집중하게 만들어요.

Tevin Campbell <I'm ready>

테빈 캠벨의 <I'm ready(1993)>. 소년 같은 목소리로 부르는 '당신을 사랑할 준비가 되었어요.' 베이비페이스가 만든 곡이죠. 느긋한 템포와 분위기에 어느새 긴장이 풀리지 않나요?

Aretha Franklin <Respect>

세계 여성의 날, 위대한 여성 아티스트 가운데 한 사람인 아레사 프랭클린의, 용기와 에너지로 가득한 노래를 골라봤습니다. 외쳐볼까요. "알 이 에스 피 이 씨 티!" <Respect(1967)>입니다.

The Alan Parsons Project <Don't Answer Me>
알란 파슨스 프로젝트의 사색적인 곡들은 맑고 정확하면서 어딘가 애수가 어려 있죠. 그중 밝고 경쾌한 분위기의 노래예요. 그들의 첫 앨범 가운데 <Don't Answer Me(1984)>입니다.

Astrud Gilberto <Tristeza>
'슬픔, 비애' 등을 뜻하는 제목이지만, 아스트루드 지우베르투가 부르는 <Tristeza>는 슬픔을 다 잊은 보드라운 꿈결 같죠. 《A Certain Smile, A Certain Sadness(1966)》 앨범에 함께한 발테르 반덜레이의 오르간이 한몫합니다.

민수 <민수는 혼란스럽다>
95년생 한국 뮤지션 민수의 곡 <민수는 혼란스럽다(2019)>입니다. 애플 광고 음악으로도 쓰여서 친근해진 기타 리프가 귀에 착 감기죠. 노래는 혼란스럽기보다 경쾌하고 귀여워요.

Delegation <Someone Oughta Write a Song (About You Baby)>
영국 소울 그룹 델리게이션의 낭만적인 사랑 노래 <Someone Oughta Write a Song (About You Baby)(1977)>입니다. 하와이 딜리버리가 사랑하는 1970년대 특유의 낙천성과 쾌활함이 있는 곡이죠.

Los Amigos Invisibles <Qué Rico>

베네수엘라 그룹 로스 아미고스 인비시블레스의 <Qué Rico(2000)>입니다. 그룹명은 '보이지 않는 친구들'이라는 뜻이에요. 1991년 결성되어 지금까지 활동하고 있지요. 흥겹고도 밀도 높은 연주에 어깨가 들썩입니다.

Toro y Moi <Mirage>

그래픽 디자이너이자 싱어송라이터인 토로 이 무아의 <Mirage(2017)>입니다. 필리핀인 어머니와 아프리카계 미국인 아버지 사이에서 태어났고, 스페인어 토로와 프랑스어 무아를 결합해 예명을 만든, 다채로운 이미지의 뮤지션이죠.

KIRINJI <エイリアンズ(Aliens)>

키린지의 <エイリアンズ(Aliens)(2000)>입니다. 덤덤하면서도 애수 어린 느낌이 듭니다. 맑고 깊은 맛의 차 같기도 하고, 낮보다는 밤 같고요. 아름다운 곡입니다.

Al Jarreau <Breakin' Away>

알 재로의 <Breakin' Away(1981)>입니다. 특유의 가성으로 부르는 후렴구를 들을 때면 언제나 날아오르는 것 같습니다. 동명의 앨범은 빌보드 200 차트에 두 해 동안이나 머물렀고 그는 1982년에 그래미를 수상했죠.

김현철(ft. 조원선) <봄이 와>

간질간질 나른해지기 시작하는 이 무렵이면 꼭 떠오르는 노래입니다. 조원선이 같이 작곡하고 불렀는데 롤러코스터가 아닌 김현철 앨범에 실려 있어요. "그대와 함께"라 좋은, 단순한 인과관계. <봄이 와(2002)>

MGMT <Me and Michael>

MGMT의 전성기가 돌아온 듯한 앨범 《Little Dark Age(2018)》에서 <Me and Michael>입니다. 그들 특유의 젊음의 바이브와 함께 1980년대 신스팝 무드가 느껴져요.

Pages <Let It Go>

페이지스의 <Let It Go(1978)>입니다. 1970년대 말에서 1980년대 초에 활동한 미국 팝 밴드예요. 이렇게 편안한 음악은 하루 종일도 들을 수 있을 것 같습니다. 제목처럼 감정을 잘 흘려보내는 것 같죠.

OlliePop <Sun Baked in Iced Tea>

올리팝이라는 이름으로 활동하는 영국 싱어송라이터 올리버 쇼의 <Sun Baked in Iced Tea(2018)>입니다. 수영장에서 레코딩이라도 한 것처럼 웅웅대며 귀를 감싸는 사운드를 느끼다 보면 몽롱하게 편안해져요. 유튜브에서만 들을 수 있습니다.

Cesária Evora <Maria Elena>

수많은 가수들이 불렀던 노래지만 특히 세자리아 에보라가 부른 <Maria Elena(1999)>를 좋아합니다. 어쩜 목소리가 이럴까요. '당신은 나의 믿음, 당신은 나의 신, 당신은 나의 사랑입니다.'

El Chicano <Tell Her She's Lovely>

엘 치카노의 <Tell Her She's Lovely(1973)>입니다. 비트가 빠르지 않지만 춤추기 딱 좋은 곡이에요. 어느새 몸을 움직이게 되는 풍성한 리듬, 흐드러지게 넘실대는 기타 연주가 매력적이죠.

Young Hunting <Sweet Bird>

LA 출신 밴드 영 헌팅의 <Sweet Bird(2013)>입니다. 낭만적인 무드, 감정을 실어 떨리는 보컬이 어딘가 엘비스 프레슬리나 로이 오비슨을 떠올리게 해요.

선우정아 <봄처녀>

3월 중순에 접어들면 이 노래를 들을 때가 된 것이지요. 선우정아의 <봄처녀(2015)>입니다. 영어 제목은 <Spring Girls>네요. 풋풋하기보단 노련한 봄처녀들이라 더욱 매력적입니다.

Basia <Baby You're Mine>

바시아의 명곡이 많지만 <Baby You're Mine(1989)>은 덜 세련되어서 매력적인 노래입니다. 후반부의 코러스는 대놓고 유치하지만 그래서 귀여워요. 고음의 청아함을 강조하던 그녀의 저음도 편안하고요.

Hot Hot Heat <Magnitude>

캐나다의 인디 밴드 핫 핫 히트의 <Magnitude(2016)>입니다. 꽃샘추위가 찾아온 새벽처럼, 명징한 피아노와 보컬의 음색이 또렷한 인상을 남기는 곡이지요.

Luiz Bonfà <Perdido de Amor>

브라질 출신의 기타리스트이자 작곡가인 루이스 봉파의 아름다운 곡 <Perdido de Amor(1959)>입니다. 아버지도 기타리스트였다고 해요. 어려서부터 클래식 교육을 받은 그의 정교하면서도 서정적인 연주는 기타와 목소리라는 단순한 구성 속에서 더욱 빛을 발합니다.

Goldwash <You Don't Wanna Feed the Fire Anymore>

'골드워시'라는 이름으로 활동하는 아티스트 게이브 애치슨의 <You Don't Wanna Feed the Fire Anymore(2019)>입니다. 클래식 작곡과 재즈를 공부했다고 하는데, 건반을 사용하는 방식이 곡에 미묘한 낙차와 긴장감을 더합니다.

George Benson <Give Me the Night>

조지 벤슨의 보컬 테크닉이 의식하지 않아도 마구 배어 나오는 듯한 <Give Me the Night(1980)>입니다. 퀸시 존스가 프로듀스했고 리 릿나워의 기타, 패티 오스틴의 스캣 보컬까지. 근사한 댄스곡이죠.

Frank Ocean <Sweet Life>

프랭크 오션의 굉장한 앨범 《channel ORANGE(2012)》에 수록된 <Sweet Life>입니다. 극도로 미니멀한 인트로부터의 섬세한 전개가 인상적이지요.

Sade <Nothing Can Come Between Us>

아름답고 우아하고 매혹적인, 샤데이의 <Nothing Can Come Between Us(1988)>입니다. 노래하며 리듬을 타는 모습에서도 목소리에서도 눈과 귀를 뗄 수 없어요.

A Taste Of Honey <Rescue Me>

LA 출신 듀오 어 테이스트 오브 허니의 <Rescue Me(1980)>입니다. 팀 이름은 허브 앨퍼트의 곡 제목에서 따온, 직접 베이스와 기타를 연주하던 여성 밴드였어요. 클래식한 디스코 리듬에 얹은 건조한 톤의 음성이 솜씨 좋은 칵테일 같습니다.

Diana Ross <It's My House>

다이애나 로스의 <It's My House(1979)>입니다. 그의 숱한 명곡들에 비해 우리나라에 그리 많이 알려지지는 않았지만 상큼하고 리드믹한 곡이죠. 모타운의 전성기를 이끈 부부 작곡-프로덕션팀 애시퍼드 & 심슨의 작품입니다.

Michael Jackson, Justin Timberlake <Love Never Felt So Good>

저스틴 팀버레이크와의 듀엣으로 편곡된 <Love Never Felt So Good(2014)>은 마이클 잭슨 사후 두 번째로 공개된 미발표곡입니다. 영영 세상 빛을 못 봤다면 인류에게 얼마나 큰 손해였을까요.

Divino Niño <Melty Caramelo>

디비노 니뇨의 <Melty Caramelo(2019)>입니다. 제목 그대로 입속에서 녹아내리는 캐러멜의 맛을 음악으로 만들면 꼭 이럴 것 같습니다. 노이지한 사운드가 오래된 사진처럼 아련함을 더하지요.

The Brothers Johnson <Strawberry Letter 23>

더 브라더스 존슨의 <Strawberry Letter 23(1977)>입니다. 영화 <재키 브라운> OST 수록곡이기도 하죠. 정말 버릴 것이 없는 영화음악 명반입니다. 물론 이 곡을 포함해서요.

Yazoo <Only You>

디페시 모드의 후신 격인 영국 신스팝 듀오 야주의 <Only You(1982)>입니다. 영화 <타락천사>에 삽입되었던 플라잉 피케츠 버전으로 친숙한 그 노래의 원곡이죠.

Jermaine Jackson <You Like Me Don't You>

저메인 잭슨의 <You Like Me Don't You(1980)>입니다. 팝의 역사를 새로 쓴 동생 마이클만큼 유명하진 않지만 저메인 잭슨 역시 대단한 팝스타였죠.

VIDEOTAPEMUSIC <Fiction Romance>

야자수 그림이 그려진 알로하 셔츠를 입고 천천히 이는 바람에 느릿하게 몸을 움직이고 싶어지는 곡. 비디오테이프뮤직의 <Fiction Romance(2017)>입니다. 곡을 재생하는 순간 계절이 조금 달라지는 느낌이지요.

Benny Sings <Not Enough>

베니 싱즈의 <Not Enough(2019)>입니다. 항상 피곤한 듯 무표정한 얼굴로 상큼한 음악을 들려주는 네덜란드의 곱슬머리 뮤지션이죠. 이 곡도 좋은 쉼표 같은 느낌입니다.

James Tillman <Casual Encounters>

제임스 틸먼의 <Casual Encounters(2016)>입니다. 보컬 뒤로 쌓이는 코러스, 따뜻하고 둔탁한 사운드의 특징에 집중한 미니멀한 곡이에요. 그래서 감각적인 리듬에 더 집중하게 됩니다.

John Mayer <St. Patrick's Day>

오늘은 성 패트릭 데이입니다. 노을 무렵 특히 잘 어울리는 존 메이어의 <St. Patrick's Day(2001)>를 들어볼까요. 소박하게 시작하지만 후반부에는 지평이 아주 넓어지는 느낌이 들어요.

Surface <The First Time>

정석적인 소울 발라드, 서피스의 <The First Time(1990)>입니다. 무척이나 아름다운 멜로디와 화음 때문에 오랫동안 사랑받아 온 곡이지요. 유튜브 댓글에 "우리 부모님 웨딩송이었어요"가 보이네요.

태윤 <아마도>

태윤의 <아마도(2019)>입니다. 뮤지션 정보가 많은 편이 아닌데, 검색해보니 2008년에 데뷔한 싱어송라이터라는 인터뷰가 보이네요. 목소리가 깨끗하고 편안해서 가만히 듣기에 좋습니다.

Luis Miguel <La Gloria Eres Tu>

루이스 미겔이 부르는 <La Gloria Eres Tu>. 겨울 지나 해가 길어지기 시작하면 생각나는 곡이에요. 왜 '멕시코의 태양'이란 별명이 생겼는지 알게 되는 특유의 열창.

Al Green <Sha La La>

"더 많은 사람들이 알 그린의 음악을 듣는다면 세상에 증오는 훨씬 줄어들 텐데." <Sha La La(1974)> 유튜브 영상에 누군가 적어놓은 댓글에 완전히 동감합니다.

Men I Trust <Morse Code>

퀘벡을 근거지로 하는 인디 댄스 밴드, 멘 아이 트러스트의 <Morse Code(2015)>입니다. 여럿이 둘러서서 춤추기보다는 혼자 벽을 보며 춤추기 좋은 쿨한 곡들을 들려주는데, 베이스라인이 아주 훌륭해요.

Lisa Stansfield <A Little More Love>

영국 뮤지션 리사 스탠스필드의 <A Little More Love(1991)> 입니다. 1990년대식 쿨한 세련됨이란 무엇인지 집약해 보여주는 인물이고, 또 노래 같아요.

Todd Rundgren <Hello It's Me>

토드 런드그렌의 근사한 곡 <Hello It's Me(1972)>입니다. 이 노래를 들으면 귀를 통해 한 시대가 밀려드는 것 같아요. 살아본 적도 없는 시절인데 어째서 이렇게 그리운 느낌이 드는 걸까요.

山下達郎 <Love Talkin'>

많은 CM송을 작곡하기도 한 야마시타 타츠로의 <Love Talkin'(1982)>입니다. 일본 버블 시대의 여유로움과 도회적 세련미가 느껴지는 노래죠. 유튜브에서만 들을 수 있습니다.

Stephen Bishop <Losing Myself in You>

스티븐 비숍의 <Losing Myself in You(1978)>입니다. 1970, 80년대에 히트곡을 많이 남긴 가수이자 작곡가죠. 간결한 연주로 아름다운 멜로디에 더 집중하게 하는 이런 미덕의 노래도 참 귀합니다. 2분 정도부터 화음을 쌓아 올라가는 부분은 들을 때마다 기분 좋아져요.

Shirley Horne <Once I Loved>

피아니스트이자 보컬리스트 셜리 혼이 안토니우 카를루스 조빙의 명곡을 부릅니다. <Once I Loved(1988)> 낮고 그윽한 목소리와 단호하고도 절제된 피아노가 완벽히 맞아 들어갑니다. 셜리 혼만의 마법이지요.

Rosario <Sabor, Sabor>

스페인의 가수이자 배우인 로사리오 플로레스의 <Sabor, Sabor(1992)>입니다. 느긋하고 사뿐사뿐한 리듬이 춤추기에 참 좋은 곡이지요.

Phum Viphurit <Long Gone>

태국 뮤지션 품 비푸리트의 <Long Gone(2017)>입니다.
그루브한 연주, 허스키한 목소리가 어딘가 혁오와도 닮았어요.
뮤직비디오의 허술하고 귀여운 춤은 봐도 봐도 질리지 않네요.

中原めいこ <Private Beach>

나카하라 메이코의 <Private Beach(1990)>입니다. 편안한 음색과 느긋한 템포가 매력적인 곡이에요. 1990년이라면 한국에서는 김완선의 전성기였죠. 그 무렵 여성 가수들의 모습을 보면 특유의 에너지 같은 게 느껴져서 좋아요. 유튜브에서만 들을 수 있네요.

A Tribe Called Quest <Bonita Applebum>

'1990년대 가장 지적이고 아티스틱한 랩 그룹'이란 찬사를 받은 바 있는 어 트라이브 콜드 퀘스트의 <Bonita Applebum(1990)>입니다. 가만히 앉아 듣기보단 걷거나 차창 밖을 바라보며 들을 때 특히 좋아요.

Donald Fagen <New Frontier>

스틸리 댄에서 보컬과 키보드, 잘생김을 맡았던 도널드 페이건의 첫 솔로 앨범 《The Nightfly(1982)》. 1980년대 틴에이지 무비 같은 <New Frontier> 뮤직비디오를 찾아보시는 것도 즐거울 거예요.

이소라 <Bye Bye>

이소라의 깊고 묵직한 노래도 물론 좋지만, 오늘은 나긋하고 산들거리는 노래를 들어봅니다. 봄볕이 조금씩 길어지는 요즘 듣기 좋은 4집 앨범 《꽃(2000)》 중에서 <Bye Bye>입니다. 이 앨범은 제목도 어쩜 이럴까요.

Jacob Collier <Make Me Cry>

제이콥 콜리어의 <Make Me Cry(2019)>입니다. 건반, 기타, 베이스, 드럼을 다 연주하며 다양한 장르를 뒤섞는 게 그의 장기죠. 화음을 다채롭게 쌓아 편곡한 아카펠라로 그래미를 이미 여러 개 받기도 했지만 편안하게 부르는 보컬 음색 자체가 매력 있어요.

The Doobie Brothers <What a Fool Believes>
두비 브라더스의 <What a Fool Believes(1978)>입니다. (역시 스틸리 댄에서도 활동했던) 마이클 맥도널드의 보컬이 인상적이에요. 언제 들어도 좋은 곡.

HAIM <Forever>
서로 닮은 이 세 사람이 같이 연주하고 노래하면 무대가 꽉 차는 것 같아요. LA 출신의 자매 밴드, 하임의 <Forever(2013)>에서는 1986년생부터 1991년생까지인 이들이 성장기에 함께 들었을 법한 음악의 영향이 느껴집니다.

Iris Temple <Lemonade>
고등학교 시절부터 함께 음악을 해왔다는 남성 R&B 듀오, 아이리스 템플의 <Lemonade(2016)>입니다. 기타와 베이스, 트럼펫과 건반, 보컬과 코러스 소리들이 부드럽게 합쳐졌다가 또 제각각의 길을 가다가 하는 양상이 재미있어요.

JGrrey <Don't Fade>
음색이 매력적인 영국 여성 R&B 보컬 제이그레이의 <Don't Fade(2017)>입니다. 부드럽고 여유로운 비트에 실리는 목소리가 공기와 물기를 잔뜩 품고 있어요.

Al Jarreau <Moonlighting>
무슨 일이든 벌어질 듯한, 낭만적인 가능성을 품은 도시의 밤이 그려지는 곡이죠. 브루스 윌리스와 시빌 셰퍼드가 출연한 1980년대 TV 시리즈 <블루문 특급> 주제곡이기도 한, 알 재로의 <Moonlighting(1984)>.

John Pizzarelli <Silly Love Song>
존 피자렐리가 폴 매카트니의 노래들을 부른 앨범 중 <Silly Love Song(2015)>입니다. 왠지 카바레풍이면서도 깔끔한 멋이 있습니다. 그의 옷차림처럼요. 물론 기타도 피자렐리의 솜씨지요.

Usher(ft. Monica) <Slow Jam>
미드나이트 스타의 원곡을 어셔와 모니카가 리메이크한 <Slow Jam(1996)>입니다. 언젠가 차창 너머로 반짝이는 수평선이 보이기 시작할 때 마침 이 곡이 흐른 적 있는데 무척 잘 어울렸어요. '슬로'의 매력을 느껴보세요.

KIRINJI <Good Day Goodbye>

키린지의 《3》 앨범 중 <Good Day Goodbye(2000)>입니다. 앨범 수록곡 중 꽤 밝은 분위기의 곡이죠. 밝은 중에도 어딘지 아련한 키린지 특유의 느낌이 배어 있습니다.

The Gap Band <Outstanding>

갭 밴드의 <Outstanding(1982)>입니다. 이 곡을 모르는 사람도 어디선가 많이 들어본 듯한 느낌을 갖게 되죠. 역사상 가장 많이 샘플링된 곡 중 하나라서 그럴 겁니다. 하지만 원곡이 제일 좋아요.

Dwele <Truth>

드웰르의 데뷔 앨범 중에서 <Truth(2003)>입니다. 조금씩 비껴나는 비트와 신중하게 쌓은 보컬 층이 이 비교적 단순한 곡을 한순간도 지루하지 않게 합니다. 앨범 대부분이 디트로이트의 자기 집에서 만든 곡이라고 하네요.

Lee Ritenour <Is It You?>

보컬리스트 에릭 태그가 피처링한, 기타리스트 리 릿나워의 노래 <Is It You?(1981)>입니다. 어떤 시대의 전형을 펼쳐 보이는 것 같은 퓨전 재즈 곡이죠. 편안하고 아름다워요.

Papooz <Theatrical State of Mind>

프렌치 팝 듀오 파푸즈의 <Theatrical State of Mind(2019)>입니다. 인스타그램 계정에 '트로피컬 그루브'라는 설명으로 자신들의 음악을 소개하는데, 과연 선명하게 경쾌한 기운이 스며 있어요.

Wes Montgomery <O Morro Nao Tem Vez>

웨스 몽고메리의 <O Morro Nao Tem Vez(1966)>입니다. 영어 제목인 <Once I loved>로도 잘 알려진 이 재즈 스탠더드는 수많은 뮤지션들이 연주했지만 그중에서도 무척 좋아하는 버전이에요. 특히 3분 11초부터 이어지는 몽고메리의 연주는 너무도 아름다워 매번 감탄사를 내뱉게 됩니다.

Eurythmics <There Must Be an Angel>

모든 게 지나친데 그 연극적인 과잉까지 좋은 음악이 있죠. 유리스믹스의 <There Must Be an Angel(1985)>처럼요. 그 과잉을 충분히 누리고 싶다면 뮤직비디오를 찾아보시기를 권합니다. 애니 레녹스의 스타일은 지금 봐도 멋지네요. 하모니카 솔로는 스티비 원더.

De-Phazz <You Stayed>

데파즈의 <You Stayed(2002)>입니다. 태어났을 때부터 있던, 함께 자라온 나무에 대한 이야기예요. "I moved on, you stayed." 브라스 리프가 무척 인상적이죠.

에레나 <Dingdong>

민트페이퍼의 컴필레이션 《강아지 이야기》에 수록된 에레나 정의 <Dingdong(2007)>입니다. 개 산책의 다정한 경쾌함이 느껴지나요. 유튜브에서만 청취 가능합니다.

Snoh Aalegra <Fool for You>

스노 알레그라의 <Fool for You(2017)>입니다. 질감이 까슬한 매력적인 보컬에 화음이 아주 살짝 곁들여지는, 여백이 많은 음악이에요. 비 오는 오후에 편안하게 듣기 좋네요.

Alabama Shakes <Guess Who>

카리스마 넘치는 보컬, 브리타니 하워드로부터 도저히 눈과 귀를 뗄 수가 없는 밴드, 앨라배마 셰이크스의 <Guess Who(2015)>입니다. 복고적이면서도 세련된, 독특한 색깔이 맘에 들어요.

Tom Misch <It Runs Through Me>

런던 출신의 프로듀서이자 DJ 톰 미쉬의 <It Runs Through Me(2018)>입니다. 드 라 소울이 랩으로 참여한 곡이에요. 톰 미쉬는 다양한 장르의 요소들을 가져다 신선하게 재조합하죠. 이 곡도 그렇습니다.

Natalia Lafourcade <Amor, Amor de Mis Amores>

멕시코의 싱어송라이터 나탈리아 라푸르카데가 부르는 <Amor, Amor de Mis Amores(2012)>입니다. 듀엣에 목소리를 보탠 남자 가수는 데벤드라 밴하트예요. 분위기가 완전히 다른 오마라 포르투온도가 부른 버전과도 비교해보세요.(1월 22일 추천곡)

Toro y Moi <Ordinary Pleasure>

콩가 리듬으로부터 노래로 들어가는 도입부가 좋죠. 토로 이 무아의 <Ordinary Pleasure(2019)>입니다. 뮤직비디오와 패션도 무척 감각적인 이 뮤지션은 다양한 음악적 요소를 가지고 놀듯 뒤섞어 새로운 즐거움을 만들어냅니다.

Odyssey <Native New Yorker>

오디세이의 <Native New Yorker(1977)>입니다. 아침 출근길에 들으면 어쩐지 힘이 솟곤 했죠. 오늘 아침에 시험해보시기 바랍니다.

Janet Jackson <That's the Way Love Goes>

자넷 잭슨의 <That's the Way Love Goes(1993)>입니다. 1993년 당시 느끼기에는 우주에서 날아온 것처럼 새로운 곡이었어요. 서두르지 않는 속도감과 중첩되는 속삭임이 최면적이지요.

TOTO <Africa>

전주의 몇 소절만 들어도 멀고 아련한 느낌에 울렁이게 되는 곡이죠. 토토의 영원한 고전, <Africa(1982)>입니다. 얼마 전 위저의 커버 버전이 나오기도 했지만 아무래도 원곡을 따라가진 못하는 것 같아요.

Chet Baker <I Fall in Love Too Easily>

쳇 베이커의 <I Fall in Love Too Easily(1956)>는 무척 잘 알려진 곡이지만 도입부를 들을 때마다 새롭게 사랑에 빠지는 것 같습니다. 그의 미성과 '난 너무 쉽게 사랑에 빠져요'라는 가사가 잊을 수 없는 인상을 만들죠. 오늘 다시 한 번 사랑에 빠졌네요.

Santigold <Lights Out>

샌티골드는 아방가르드한 미감을 펼쳐 보이는 아티스트지만 이렇게 친근하고 귀여운 곡도 있어요. 1990년대 영화의 사운드트랙 같기도, 신디 로퍼에게 바치는 오마주 같기도 한 <Lights Out(2008)>입니다.

ELO <Mr. Blue Sky>

ELO의 <Mr. Blue Sky(1977)>입니다. 서서 연주하는 두 대의 첼로와 바이올린이 전자악기와 어우러진 일렉트릭 라이트 오케스트라(ELO)의 모습은 지금 보면 꽤 충격적이죠.

킹스턴 루디스카 <Top o'the Morning>

한국의 9인조 스카 밴드 킹스턴 루디스카의 <Top o'the Morning(2008)>입니다. 브라스는 묘하게도 햇살을 닮았죠. 아련한 솔로가 석양을 연상시키듯, 여럿이 밝게 연주하는 브라스는 쏟아지는 한낮의 햇살 같습니다.

march 30th

Ivan Lins <Iluminados>

'사랑은 신조차 못 하는 일들을 해내지요. 이 눈부신 사랑은.' 젊은 시절의 이반 린스가 부르는 부드러운 사랑 노래 <Iluminados(1987)>입니다. 목소리가 브라질 어느 해변의 살랑이는 바람 같아요.

Groove Armada <At the River>

영국의 일렉트로닉 뮤직 듀오 그루브 아르마다의 <At the River(1997)>입니다. 패티 페이지의 <Old Cape Cod>를 샘플링했지요. 이 곡을 들으면 왠지 대륙이나 대양을 훑고 지나가는 듯한 스케일감이 들어요.

Dorothy Ashby <Come Live with Me>

재즈 작곡가이자 하피스트인 도로시 애슈비의 《Afro-Harping(1968)》 앨범에서 <Come Live with Me>입니다. 하프를 중심에 두자 무드가 이렇게 달라집니다. 현대적인 라운지 음악의 건조함에 생명력을 입힌 것 같아요.

Cymande <Friends>

휭크 밴드 시만데이의 <Friends(1972)>입니다. 자메이카, 가이아나를 비롯한 중미 출신 멤버들이 모여 만든 팀인데 밴드 이름은 그 지역 언어로 '비둘기'라는 뜻이라고 해요. 카리브해의 색깔이 느껴지는 리듬과 그루브를 들려줍니다.

hawaii delivery @hawaii_delivery · Mar 31, 2019

펑크 밴드 씨맨디의 'Friends(1972)'입니다. 자메이카, 가이아나를 비롯한 중미 출신 멤버들이 모여 만든 팀인데 밴드 이름은 그 지역 언어로 비둘기라는 뜻이라고 해요. 카리브해의 색깔이 느껴지는 리듬과 그루브를 들려줍니다 youtu.be/lGOk1JDSW_w

백예린 <Popo (How Deep Is Our Love?)>

백예린의 낭만적인 사랑 노래 <Popo (How Deep Is Our Love?)(2019)>입니다. 2분 50초부터 시작되는 꽤나 긴 연주 파트가 독특하고 매력적인 아웃트로를 만듭니다. 연주에 몰입하며 듣다 보면 보컬이 그리워져서 곡을 한 번 더 재생하게 돼요.

Benny Goodman Quartet <Moon Glow>

베니 굿맨 쿼텟의 <Moon Glow(1936)>입니다. 노이즈가 낀 1930년대의 음질 때문인지 더 낭만적으로 느껴지죠. 저 높이에서 달빛이 일렁일렁 내려오는 것 같습니다.

Towa Tei <La Douce Vie (Amai Seikatsu)>

토와 테이의 <La Douce Vie (Amai Seikatsu)(1994)>입니다. 명료하지 않은 것은 허락하지 않겠다는 듯 모든 사운드가 똑 떨어지는 곡인데, 가끔 들으면 일본식 디저트처럼 개운해요. '달콤한 삶'이라는 뜻의 제목처럼 말이죠. 피치카토 파이브 멤버였던 노미야 마키의 목소리가 반갑습니다.

Janelle Monáe <Locked Inside>

영화 <문라이트> <히든 피겨스>의 배우 이전에 자넬 모네는 미래의 안드로이드라는 콘셉트를 앨범으로 연기해 온 뮤지션이죠. 마이클 잭슨의 <Rock with You>를 샘플링한 <Locked Inside(2010)>입니다.

The Frightnrs <Gotta Find a Way>

록스테디 스타일이라 얼핏 아주 오래된 노래처럼 들리기도 하죠. 뉴욕 밴드 프라이트너스의 <Gotta Find a Way(2016)>입니다. 이런 리듬의 음악들이 종종 그렇듯이, 듣고 있으면 다 잘되어갈 듯 느긋하고 낙관적인 쪽으로 마음이 기울어요.

Rachael Yamagata <Saturday Morning>

'토요일 아침'이라니, 말만으로도 여유롭게 느껴지지 않나요. 바쁜 일상 속에 잠깐 빈틈을 느끼기에 좋은 편안한 곡입니다. 레이첼 야마가타의 <Saturday Morning(2011)>, 유튜브에만 올라와 있네요.

Dexys Midnight Runners <Come On Eileen>

덱시스 미드나이트 러너스의 <Come On Eileen(1982)>입니다. 1980년대의 워낙 유명한 히트 넘버지만 영화 <월플라워> 이후에는 '리빙룸 루틴' 장면으로 더 사랑스럽게 기억하게 된 곡이죠.

Sufjan Stevens <Futile Devices>

영화 <콜 미 바이 유어 네임> OST 중 수프얀 스티븐스의 <Futile Devices(2017)>입니다. 2010년 앨범 버전을 영화를 위해 새롭게 연주했어요. 물속 같기도 하고 첫사랑의 일렁이는 감정 속 같기도 한 곡입니다.

Betty Wright <Tonight Is the Night>

베티 라이트의 <Tonight Is the Night(1978)>. '첫 경험'을 다룬 노래를 부르겠다고 하자 어머니가 펄쩍 뛰었지만 바로 그 노래가 빅히트를 쳤다는 사연을 늘어놓습니다. 유명한 라이브예요.

Beck <Tropicalia>

벡의 놀라운 점은 언제나 다양한 장르의 음악을 자기 식으로 들려준다는 것입니다. 브라질 음악을 지극히 벡 스타일로 해석한 <Tropicalia(1998)>처럼 말이죠.

Eumir Deodato <San Juan Sunset>

에우미르 지오다투의 <San Juan Sunset(1978)>입니다. 어찌 들으면 밋밋한 라운지 음악 같지만 언제 들어도 긴장이 조금 풀리면서 여유를 찾게 해주는 미덕이 있는 곡이에요. 그것은 노을 지는 해변의 미덕이기도 하죠.

Billy Lawrence(ft. MC Lyte) <Come On>

도입부의 박력 있는 랩이 무척이나 인상적이죠. 빌리 로렌스 feat. MC 라이트의 <Come On(1997)>입니다. 영화 <셋 잇 오프> OST였는데 매우 수작인 이 앨범에는 멋지고 강한 여성 뮤지션들이 여럿 참여했어요.

The Dawdler <Lava Lamps>

영국 뮤지션 더 도들러의 <Lava Lamps(2020)>입니다. 기타와 나긋한 보컬로 시작해 현악기가 나타나고, 조금씩 강해지는 바람처럼 볼륨을 키우지만 고요함의 중심을 잃지 않는 곡이에요. 차분하게 마음에 위로를 줍니다.

Cesária Évora(ft. Caetano Veloso & Ryuichi Sakamoto) <E Preciso Perdoar>

세자리아 에보라 feat. 카에타누 벨로주 & 류이치 사카모토. 세 이름만으로도 이미 화려합니다. <E Preciso Perdoar(1996)>, 저희가 좋아하는 《Red Hot+Rio》 앨범에 수록되어 있어요.

Sugar Candy Mountain <666>

식목일인 오늘 날씨가 맑으면 좋겠습니다. 이 노래는 선명한 하늘 아래 드리운 식물의 그림자들이 흔들리는 걸 보면서 들으면 어울릴 것 같아요. 사이키델릭 팝 밴드 슈거 캔디 마운틴의 <666(2016)>입니다.

Barry Manilow <Copacabana>

과장된 러플이 화려한 그의 무대 의상처럼 흥이 넘실거리는 배리 매닐로의 <Copacabana(1978)>입니다. 미국 시트콤 <프렌즈>의 결혼 피로연 장면에서도 사랑스럽게 쓰인 바 있죠.

Sunset Rollercoaster <Angel Disco Love>

출중한 실력의 대만 밴드 선셋 롤러코스터의 <Angel Disco Love(2018)>입니다. 단어 하나하나가 좋네요. 엔젤, 디스코, 러브입니다.

세이수미 <광안리의 밤>

부산 출신 밴드 세이수미의 연주곡 <광안리의 밤(2014)>입니다. 기타와 에그셰이커 뒤의 여백을 채우는 파도 소리가 마음을 편안하게 해줘요.

Sleeping Jesus <Cigarette Skies>

슬리핑 지저스의 <Cigarette Skies(2017)>입니다. 뿌옇게 구름이 낀 저녁 무렵의 공기, 겹겹의 하늘 너머로 언제인지도 모르게 사라져버리는 태양 같은 것들의 아련한 심상이 떠올라요.

Bee Gees <Night Fever>

비지스의 <Night Fever(1977)>입니다. 영화 <토요일 밤의 열기> OST는 정말 대단한 앨범이죠. 어떻게 한 앨범에 이런 트랙들이 가득할 수 있는지.

Bevo Valdés & Diego el Cigala <Eu Sei que Vou Te Amar>

베보 발데스와 디에고 엘 시갈라가 함께한 근사한 음반 《Lagrimas Negras(2003)》 중 <Eu Sei que Vou Te Amar>입니다. 중간에 나오는 무척 아름다운 내레이션은 카에타누 벨로주의 목소리이고, 제목의 뜻은 '나는 너를 사랑할 거란 걸 알아'입니다.

松原みき <眞夜中のドア- Stay with Me>

마츠다 세이코나 나카모리 아키나 같은 동세대 일본 가수들이 소녀 아이돌이었다면 마츠바라 미키는 허스키한 음색을 가진 멋진 어른 여자였습니다. <眞夜中のドア- Stay with Me(1979)>

Jeff Bernat <Groovin’>

매끈하게 달콤한 곡들을 솜씨 좋게 만들어내는 제프 버넷의 <Groovin’(2011)>입니다. 커피 브라운의 곡인 <After Party>를 샘플링했어요.

이광조 <즐거운 인생>

이광조의 <즐거운 인생(1988)>입니다. 어릴 적 처음 들었을 때 우리나라에도 이런 노래가 있구나 하고 충격받았던 기억이 납니다. “모두 쌈바 춤을 춥시다- 모두 다 신나게 흔들며 사랑을 만들어가며.”

Leon Ware <What’s Your Name>

레온 웨어는 전설적인 곡들을 숱하게 만들어낸 작곡가 겸 프로듀서이자 가수였죠. 여전히 활기차고 뜨거운, <What’s Your Name(1979)>입니다.

Donell Jones <U Know What’s Up>

도넬 존스의 <U Know What’s Up(1999)>입니다. 적당한 리듬감이 참 좋지요. 안타깝게 일찍 세상을 떠난 TLC의 레프트 아이가 랩 피처링을 했어요.

Astor Piazzolla(Koop Remix) <Vuelvo al Sur>

바람과 파도 소리에 반도네온과 비브라폰 음률이 섞인 이 노래의 도입부는 사운드만으로도 눈앞에 바닷가 풍경을 펼쳐놓습니다. 아스토르 피아졸라의 버전을 쿱이 리믹스한 <Vuelvo al Sur(2003)>예요. 제목은 스페인어로 ‘나는 남쪽으로 돌아가네’라는 뜻입니다.

Bill Withers <Lovely Day>

빌 위더스의 <Lovely Day(1977)>는 실은 궂은날에 대한 노래입니다. 그럼에도 불구하고 '당신만 보면 세상이 다 괜찮아져, 당신을 한번 보기만 해도 사랑스러운 날이 될 거라는 걸 알아.'

Natalie Prass <Hot for the Mountain>

나탈리 프라스의 두 번째 앨범 중 <Hot for the Mountain(2018)>입니다. 예상을 비껴가는 전개가 끝까지 긴장을 잃지 않으면서도 한편으로 편안한, 굉장히 매력적인 곡이에요. 이 뮤지션의 룩만큼이나요.

우효 <Pizza>

한국에서 결이 독특한 음악을 들려주는 싱어송라이터 우효의 <Pizza(2017)>입니다. 네가 없으면 피자도 맛이 없다는, 청량하고 귀여운 사랑 노래예요.

Bebo Valdes <Lily>

애니메이션 영화 <치코와 리타> 사운드트랙 중 <Lily(2011)>입니다. 베보 발데스가 음악을 맡았어요. 영화 속 치코 캐릭터에는 베보 발데스 자신의 인생사도 반영되어 있습니다. 낭만적인 곡이지요.

Elvis Presley <It's Impossible>

엘비스 프레슬리의 <It's Impossible(1973)>. '태양에게 하늘을 떠나라 할 수 없듯이, 바다가 해변으로 달려갈 수밖에 없듯이' 당신을 사랑한다는 내용이죠. 어떤 노래는 한껏 뜨거워서 좋습니다.

The Marías <I Don't Know You>

LA를 기반으로 활동하는 밴드 더 마리아스의 <I Don't Know You(2017)>입니다. 푸에르토리코에서 태어나 미국에서 자란 리드 싱어 마리아 자도야는 영어로도 스페인어로도 노래하죠. 음악만큼 스타일도 감각적인 사람들입니다.

Liquid Pegasus <Uptown Shuffle>

리퀴드 페가수스라는 활동명을 가진 뮤지션 조시 런드퀴스트의 연주곡 <Uptown Shuffle(2019)>입니다. 앨범 아트워크의 알록달록한 그림 느낌을 귀로 듣게 만들면 이런 분위기의 음악이 될 것 같아요. 신시사이저의 색깔이 뚜렷하죠.

Grover Washington Jr. <Mister Magic>

빌 위더스와는 <Just the Two of Us>라는 연결고리를 가진 색소포니스트 그로버 워싱턴 주니어의 연주곡 <Mister Magic(1975)>입니다. 에이미 와인하우스가 가사를 붙여 부른 버전도 좋아요.

Tavares <Heaven Must Be Missing an Angel>

타바레스의 흥겨운 노래 <Heaven Must Be Missing an Angel(1976)>입니다. 영화 <미녀삼총사> 사운드트랙으로도 쓰였지요. 현악이 풍부하게 들어간 이 시절의 디스코는 참 낙천적입니다.

Anderson Paak <Make It Better>

앨범이 발매된 바로 그날 코첼라에서 공연을 하기도 했었죠. 스모키 로빈슨이 보컬 피처링으로 참여한 앤더슨 팩의 <Make It Better(2019)>입니다. 코드 진행이 정말 사랑스럽다고밖에는 말할 수 없어요.

Dusty Springfield <Spooky>

《Dusty In Memphis》 앨범으로 유명해서 미국 남부 출신일 것 같지만, 목소리와 어울리는 예명을 가진 더스티 스프링필드는 런던 태생 디바였습니다. 명곡들 가운데 오늘은 <Spooky(1968)>.

Phoenix <If I Ever Feel Better>

베르사유 출신 밴드 피닉스의 데뷔 앨범 중 <If I Ever Feel Better(2000)>입니다. 조용히 흐르다 보컬과 베이스에 드럼이 얹히며 시작되는 인상적인 도입부는 들을 때마다 기분이 좋아지죠.

Rudy Linka <Field of Sco>

체코 출신 기타리스트인 루디 린카의 <Field of Sco(2017)>입니다. 존 스코필드와 짐 홀로부터 사사한 흔적이 느껴지네요. 느긋하고 명상적이면서도 텐션을 놓치지 않는 리듬감이 참 좋습니다.

Cake <I Will Survive>

온갖 버전으로 리메이크되곤 하는 글로리아 게이너의 명곡 <I Will Survive>. 오늘은 케이크의 버전(1996)입니다. 그루브한 베이스에 쟁쟁거리는 기타 사운드가 이 노래의 세계를 조금 더 넓힙니다.

The Postal Service <Grow Old with Me>

나와 함께 늙어가자는 말은 타인에게 할 수 있는 최고의 사랑 표현 아닐까요. 더 포스털 서비스의 <Grow Old with Me>는 2013년에 나온 그들의 《Give Up》 앨범 10주년 디럭스 에디션에 수록된 커버곡입니다. 존 레논의 원곡도 참 좋아요.

죠지 <오랜만에>

1989년에 나온 김현철 1집은 굉장한 음반이었죠. 원곡의 정서를 해치지 않으면서 리메이크하기란 참 어려운 일일 듯한데, 저는 이 버전도 즐겨 듣게 될 것 같습니다. 죠지의 <오랜만에(디깅클럽서울 Ver.)(2018)>입니다. 원곡으로부터 삼십 년이 지난 버전이네요.

Prince <Sometimes It Snows in April>

너무 일찍 세상을 떠난 이들의 안식을 바라며 듣습니다. 프린스의 갑작스런 부고를 들은 것도 4월이었죠. <Sometimes It Snows in April(1986)>입니다.

구남과여라이딩스텔라 <장단>

"사람 살다 보면은 괜히 맘 가는 사람 있드라 그래서 만나서 사랑을 나누면 우린 쓸쓸하드라" 묘하게 매력적인 가사를 쓰는 구남과여라이딩스텔라의 <장단(2011)>입니다.

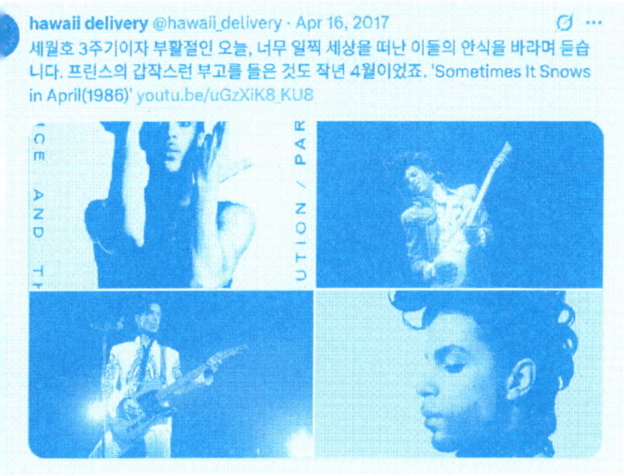

Jennifer Lara <Weekend Loving>

일정 없는 주말처럼 조금 느릿하게 하루를 보내도 된다면, 그런 날의 배경음악으로 제격일 곡이에요. 자메이카의 레게 뮤지션 제니퍼 라라의 <Weekend Loving(1985)>입니다.

Summer Salt <Driving to Hawaii>

텍사스 오스틴 출신 밴드 서머 솔트의 <Driving to Hawaii(2014)>입니다. 한국계 멤버가 있어서 어느 앨범 재킷에는 '여름 서금'이란 서툰 한글도 보이네요. 나른한 여름 오후 느낌을 조금 당겨보았습니다.

McKenzie & Gardiner <From Time(Groove Version)>

영국의 소울 듀오 맥켄지 & 가디너의 <From Time(Groove Version)(2013)>입니다. 미발표 데모 녹음들을 모아 나온 앨범인데, 남녀 듀엣이 부르는 1983년 버전보다 어설픈 보컬과 느린 템포가 결과적으로 더 신선하게 들려요. 훨씬 '그루브'하기도 하고요.

SWV <All Night Long>

1990년대 최고의 R&B 그룹 중 하나인 SWV의 감미로운 노래 <All Night Long(1995)>입니다. 휘트니 휴스턴 등이 주연한 영화 <사랑을 기다리며>의 OST였지요. 도입부가 마치 사르르 녹는 버터 같아요.

Thomas Headon & Lizzy McAlpine <Bored>

토머스 히든과 리지 매컬파인의 <Bored(2021)>입니다. 2000년생인 토머스 히든은 소셜미디어를 통해 팬덤을 구축했고 2020년에 이미 《Greatest Hits》 EP를 내놓은 뮤지션이에요. 귀여운 곡이라고 생각했는데 가사는 싫증 난 연인들의 이야기네요.

hawaii delivery @hawaii_delivery · Apr 18, 2019
90년대 최고의 R&B 그룹 중 하나인 SWV의 감미로운 노래 'All Night Long(1995)'입니다. 휘트니 휴스턴 등이 주연한 영화 <Waiting To Exhale>의 OST였지요. 도입부가 마치 사르르 녹는 버터 같아요 youtu.be/xFPzOBgHgBI
Waiting to Exhale
Original Soundtrack Album

Dry & Heavy <Bright Shining Star>

일본의 덥·레게 밴드 드라이 & 헤비의 <Bright Shining Star(2002)>입니다. 보컬이 시작되는 순간 기분 좋은 청량감이 느껴집니다. 미세먼지가 가득해지곤 하는 봄철에 들으면 잠시나마 개운해지죠.

boy pablo <Losing You>

노르웨이 베르겐 출신의 밴드 보이 파블로의 <Losing You(2018)>입니다. 프런트맨 파블로 무뇨스가 열아홉 살에 만든, 긍정적인 의미의 소년스러움이 가득한 노래예요.

Ariel Pink <Put Your Number in My Phone>

에어리얼 핑크의 <Put Your Number in My Phone(2014)>입니다. 도입부의 출발이 가볍고 싱그럽죠. 가사 첫 소절처럼 공기 속에 마법이 떠도는 것 같은, 4월 중순의 봄 날씨에 어울리는 기분 좋은 노래예요.

Suzanne Vega <Caramel>

수잔 베가의 미니멀한 곡 <Caramel(1996)>입니다. 때로 너무 달콤하지만 그래서 멀리해야 할 관계가 있죠.

Afro-Cuban All Stars <Homenaje a Marta Valdés>

아프로 쿠반 올 스타즈의 <Homenaje a Marta Valdés(1999)>입니다. 쿠바의 음유시인 마르타 발데스에게 바치는 오마주로 두 곡을 합친 노래죠. 가사가 무척 아름답습니다.

Lauv <Paris in the Rain>

캘리포니아 출신 싱어송라이터이자 프로듀서인 라우브의 촉촉한 곡 <Paris in the Rain(2017)>입니다. 조금 케이팝스러운 느낌도 있는, 듣기 좋고 트렌디한 곡이에요.

윈디시티 <Silky Silky Love Song>

아지랑이가 피어오르는 듯한 윈디시티의 <Silky Silky Love Song(2007)>입니다. 가끔 튀어나오는 구수한 가사를 천연덕스레 불러 넘기는 김반장의 목소리가 참 '실키 실키' 하네요.

Mina <Se Telefonando>

이탈리아 가수 미나의 <Se Telefonando(1966)>입니다. 만약 당신에게 전화를 건다면 이별을 고할 거라고 노래하는, 격정 넘치는 디바의 칸초네예요. 작곡가는 바로 그, 엔니오 모리코네입니다.

HARVARD <Back to Next>

일본 밴드 하바드의 산뜻한 노래 <Back to Next(2003)>입니다. 이들의 《Lesson》 앨범을 들으면 시부야케이 음악의 마지막 황금기가 떠올라요.

P.M. Dawn <Set Adrift on Memory Bliss>

피엠 던의 <Set Adrift on Memory Bliss(1991)>입니다. 3월 2일에 소개했던 스팬다우 발레의 친숙한 원곡 <True>를 아주 산뜻하게 샘플링했죠.

Julie London <I Remember You>

제가 '유람선 정서'라고 부르는 것을 지닌 곡입니다. 줄리 런던의 <I Remember You(1963)>. 다른 버전들이 지닌 애수 어린 느낌보다 좀 가볍달 수 있지만 바로 그 점이 좋아요. 중간쯤 정말 유람선에서나 나올 법한 사운드가 나옵니다.

Jack Johnson <Belle>

1분 40초짜리 노래에 5개 국어가 나오는 잭 존슨의 <Belle(2005)>입니다. 아름다운 여인에게 포르투갈어, 이태리어, 스페인어로 말을 붙여본 뒤 결국 '프랑스어는 못 해요'라고 말하는 귀여운 내용이지요.

Dope Lemon <Home Soon>

도프 레몬의 <Home Soon(2017)>입니다. 호주의 남매 뮤지션 앵거스 & 줄리아 스톤 가운데 앵거스 스톤이 솔로 프로젝트로 꾸리는 팀이에요. 여름에 물가에서 들으면 좋을 밝고 단순한 곡이죠.

Stephane Grappelli & Yo-Yo Ma <Just One of Those Things>

스테판 그라펠리의 바이올린과 요요 마의 첼로가 함께하는 소품 <Just One of Those Things(1992)>입니다. 사뿐사뿐 경쾌하고 따스한 곡이에요.

노이즈 <조금만 천천히>

1990년대 중반 한국에 이런 노래가 있었습니다. 노이즈 2집 수록곡 <조금만 천천히(1994)>입니다. 멤버였던 천성일이 작사·작곡했지요. 전 당시 천성일이 천재라고 생각했어요.

Billie Eilish <8>

앨범 커버처럼 어둡고 그로테스크한 이 2001년생 뮤지션의 세계에서 아마 가장 귀여운 노래일 것 같아요. 우쿨렐레 소리와 헬륨 풍선을 들이마신 것 같은 보컬로 시작하는 빌리 아일리시의 <8(2019)>입니다.

Jamiroquai <Stillness in Time>

3집의 <Virtual Insanity(1996)>로 세계적인 명성을 얻기 전, 자미로콰이 2집 중 <Stillness in Time(1994)>을 듣습니다. 상큼한 곡이에요.

Feist <Mushaboom>

영화 <500일의 썸머>에도 쓰였던 파이스트의 <Mushaboom(2004)>입니다. 발음이 귀여운 이 단어는 춤추거나 웃거나 하면서 삶이 힘들 때 그려보는 긍정적인 미래를 의미한다고 하네요.

Eliane Elias <Doralice>

겨울에 캐럴의 따뜻함을 찾는 것처럼 여름이 다가올 때면 삼바와 보사노바의 산뜻한 청량함에 기대게 되죠. 오늘은 브라질의 재즈 피아니스트이자 가수, 작곡가인 엘리아니 엘리아스 버전으로 소개하는 <Doralice(2004)>입니다.

브론즈(ft. 우효) <With the Star>

이즈음에는 종종 여름을 앞서 경험하듯 하늘이 눈부시게 청명해지곤 합니다. 그 때문인지 프로듀서 브론즈의 앨범에 우효가 보컬로 참여한 <With the Star(2019)>가 떠올랐어요. 아트워크에 사용된 나가이 히로시의 일러스트도 이 노래의 시티팝적인 성격에 잘 어울립니다.

Swing Out Sister <Somewhere in the Wolrd>

스윙 아웃 시스터의 <Somewhere in the Wolrd(1997)>입니다. 매력적인 보컬 코린 드루어리의 목소리에서 상쾌한 바람이 불어오는 것 같아요.

Luis Miguel <La Puerta>

햇살이 반짝이고 봄기운이 완연한 오후에는 루이스 미겔이 떠오릅니다. 잔잔한 바다를 훑고 오는 바람 같은 현악이 흐르는 <La Puerta(1991)>입니다.

The Flaming Lips <Yoshimi Battles the Pink Robots, Pt. 1>

더 플레이밍 립스의 콘셉추얼한 앨범에서 핵심을 이루는 노래 <Yoshimi Battles the Pink Robots, Pt. 1(2002)>입니다. 어른들을 위한 동화 같은, 위트가 있는 곡이에요.

Cartola <O Mundo é Um Moinho>

브라질 삼바의 역사에서 무척이나 중요한 인물, 카르톨라의 음반은 그리 많지 않습니다. 녹음 상태도 좋지 않지만 그의 생애와도 닮은 소박한 목소리와 아름다운 연주는 세월을 건너서 울림을 주지요. <O Mundo é Um Moinho(1976)>입니다.

Kamasi Washington <The Rhythm Changes>

카마시 워싱턴의 대작 앨범 《The Epic》 중 <The Rhythm Changes(2015)>입니다. 끝없는 바다 같기도 하고 밤하늘을 올려다보는 듯하기도 해요. 거대한 순환과 리듬 속으로 우리를 데려가는 곡입니다.

장필순 <나누니니나>

장필순의 <나누니니나(1995)>입니다. 하나음악의 동료였던 고찬용이 만든 곡인데, 작곡가 특유의 세련된 코드 진행과 아름다운 멜로디가 서명처럼 각인되어 있습니다. 편안한 보컬과 더해져 참 듣기 좋아요.

Phum Viphurit <Lover Boy>

사랑에 빠진 소년 같은, 봄밤처럼 상쾌한 에너지가 찰랑대는 음악을 들려주는 품 비푸리트. 탄산이 쏴 피어오르는 과일 에이드 같은 <Lover Boy(2018)>입니다.

Donald Byrd <Places & Spaces>

소울, 휭크 성향의 대중적인 퓨전 재즈를 들려주었던 트럼펫 연주자 도널드 버드의 <Places & Spaces(1975)>입니다. 맑은 하늘을 끝없이 유영하는 듯한 공간감이 느껴지는 곡이에요.

Caetano Veloso <Get Out of Town>

카에타누 벨로주가 읊조리듯 부르는 재즈 스탠더드 <Get Out of Town(1985)>입니다. 너무 강한 매혹을 견디지 못해 제발 내 곁에서 떠나라고 말하는 노래죠.

Parcels <Lightenup (Breakbot Remix)>

1960년대 스타일의 외모로 1980년대풍의 음악을 2010년대 감성으로, 그것도 꽉 짜인 연주로 직접 들려주곤 하는 파슬스의 <Lightenup (Breakbot Remix)(2018)>입니다. 파슬스의 원곡도 좋지만 오늘은 브레이크봇의 리믹스로 더욱 가볍게 들어볼까요.

Sly & The Family Stone <Family Affair>

미국 주류 대중음악 역사상 최초로 인종이 섞인 남녀 그룹이었던 슬라이 & 더 패밀리 스톤의 <Family Affair(1971)>입니다. '패밀리'가 된다는 것에 대한 노래지요. 그 시대 특유의 분위기가 느껴집니다.

Handsome Boy Modeling School <I've Been Thinking>

힙합 프로듀서 댄 디 오토메이터와 프린스 폴의 콜라보레이션 프로젝트, 핸섬 보이 모델링 스쿨의 <I've Been Thinking(2004)>입니다. 캣 파워의 보컬이 더해진, 나른하게 섹시한 곡이에요.

Gabor Szabo <Breezin'>

헝가리 기타리스트 가보르 사보의 <Breezin'(1971)>입니다. 바비 워맥이 작곡한 이 노래의 조지 벤슨 버전이 실크처럼 매끈하다면 사보의 연주는 리넨 같은 매력이 있어요.

Lewis OfMan <Plein de Bisous>

프랑스 프로듀서 루이스 오프먼의 <Plein de Bisous(2018)>입니다. 노래는 밀레나 르블랑이라는 아티스트와 함께 불렀는데 두 사람의 목소리가 겹치는 부분이 참 달콤하죠. 야자수 그늘이 드리운 리조트에서 들으면 잘 어울릴 것 같은 상큼한 프렌치 팝입니다.

hawaii delivery @hawaii_delivery · Apr 30, 2019
프랑스 프로듀서 루이스 오프먼의 'Plein De Bisous(2018)'입니다. 노래는 밀레나 르블랑이라는 아티스트와 함께 불렀는데 두 사람의 목소리가 겹치는 부분이 참 달콤하죠. 야자수 그늘이 드리운 리조트에서 들으면 잘 어울릴 것 같은 상큼한 프렌치팝입니다 youtu.be/xGCJViX_tKc

Connan Mockasin <Momo’s>
노동절입니다. 깊은 층위에서부터 ‘쉼’이라는 느낌을 주는 곡을 골랐어요. 바람이 살랑이는 벤치에 가만히 누워서 들으면 가장 좋을 듯한 코난 모카신의 아름다운 노래 <Momo’s(2018)>입니다.

Ronny Jordan <Heaven>
재즈와 힙합을 자연스럽게 섞곤 했던 기타리스트 로니 조던의 <Heaven(2003)>입니다. 2014년 쉰하나의 나이로 일찍 세상을 떴어요. 그루브하고 힘있는 그의 연주를 더 이상 들을 수 없다는 게 안타깝습니다.

Janelle Monáe <Make Me Feel>
자넬 모네의 《Dirty Computer(2018)》 앨범 가운데 <Make Me Feel>입니다. “프린스가 천국에서 이 비디오를 내려다보며 웃음 짓기를 바란다”는 유튜브 댓글에 완벽하게 공감하게 되는 곡이에요.

Foo Fighters <Virginia Moon>

록밴드 푸 파이터스의 더블 앨범 《In Your Honor(2005)》에서는 어쿠스틱 트랙을 모은 두 번째 디스크가 참 좋아요. 노라 존스가 피아노와 보컬 피처링으로 참여한 <Virginia Moon>입니다.

D'Angelo <Really Love>

디안젤로의 정교하고 아름다운 곡 <Really Love(2014)>입니다. 다양한 음악적 유산을 담은, 그러면서도 새롭고 몸을 흔들고 싶게 하는 곡이죠. 장중한 도입부로부터 리듬을 축조해 가는 과정이 정말이지 근사합니다.

大橋純子 <Telephone Number>

오하시 준코의 <Telephone Number(1984)>입니다. "Ah uh- 5 6 7 0 9"으로 시작하는 시원한 목소리의 도입부는 한번 들으면 종일 되뇌게 하는 마력이 있습니다. '그대가 힘들 때 전화를 걸어주길 바라.'

Eumir Deodato <Love Island>

언제라도 들으면 햇볕이 잘그랑거리고 부드러운 바람이 부는 해변으로 데려가 주는 곡이 있지요. 에우미르 지오다투의 <Love Island(1978)>입니다. 6분 40초 동안 떠나는 어느 섬으로의 여행.

Love <Always See Your Face>

1970년대 초까지 활동한 미국 록그룹 러브의 <Always See Your Face(1969)>입니다. <사랑도 리콜이 되나요(High Fidelity)> <레이디 버드> 등의 영화에도 쓰인 노래죠. 브라스나 건반 같은 악기를 사용하는 방식이 오래되고도 따뜻한 느낌을 줍니다.

坂本慎太郎 <My Memories Fade>

일본 뮤지션 사카모토 신타로의 노래 <My Memories Fade(2011)>입니다. 아련한 기타 톤, 페이드아웃 되듯 곡을 끝내는 방식이 독특하죠. 서두르지 않는 리듬을 따라가다 보면 어느새 나른해져요.

조원선 <넌 쉽게 말했지만>

윤상의 원곡들을 다른 뮤지션들의 재해석으로 다시 부른 《Yoonsang Songbook(2008)》 앨범 가운데 조원선이 보컬로 참여한 <넌 쉽게 말했지만>입니다. 악기 사용을 절제하면서도 헐거운 데 없는 음악적 구성, 누구와도 닮지 않은 보컬의 존재감이 단단한 곡이에요.

Ry Cooder <Chloe>

더운 나라의 무드가 가득한 라이 쿠더의 《Chicken Skin Music(1976)》 앨범에서 특히 하와이를 연상하게 하는 <Chloe>입니다. 사진을 찾아보니 그도 젊은 시절에는 하와이안 셔츠를 즐겨 입었던 모양이네요.

Piero Umiliani <Atmosphere>

길고 지친 하루를 끝내고 돌아왔을 때 어딘가에서 이런 곡이 흘러나온다면 마음이 따뜻하고 편안해지겠죠. 이탈리아의 영화음악 작곡가 피에로 우밀리아니의 <Atmosphere(1975)>입니다.

Antônio Carlos Jobim <Vivo Sonhando>

너무나 유명한 곡이지요. 안토니우 카를루스 조빙의 <Vivo Sonhando(1962)>입니다. 오늘은 보컬 없는 버전으로 듣습니다. 현악의 흐름이 바다를 훑고 오는 부드러운 바람결 같아요. 영어 제목은 <Dreamer>.

Yo La Tengo <Wizard's Sleeve>

영화 <숏버스> 사운드트랙에 쓰였던 요 라 텡고의 소품 <Wizard's Sleeve(2006)>입니다. 단순한 구성의, 제목만큼이나 귀여운 노래예요.

Drugdealer <The End of Comedy>

드럭딜러의 단순하고 선명한 노래 <The End of Comedy(2016)>입니다. 여러 번 함께 작업한 와이즈 블러드가 피처링을 했는데, 카렌 카페터와 조니 미첼을 섞은 음색이라는 이야기를 듣는 보컬이죠. 캐롤 킹의 곡 같은 클래식함이 있습니다.

Caetano Veloso <Michelangelo Antonioni>

현악이 만들어내는 리듬 위로 바람결처럼 얹힌 카에타누 벨로주의 목소리가 마술적인 효과를 일으키는 곡이지요. 밤의 비밀을 풀어내는 듯한 <Michelangelo Antonioni(2001)>입니다.

Marvin Gaye <After the Dance>

마빈 게이의 명반 《I Want You》는 저희가 태어난 해쯤 세상에 나왔는데, 다 큰 후 인생의 어느 시기에 가장 많이 들었던 앨범이기도 합니다. <After the Dance(1976)> 실키한 목소리와 은근한 연주가 이 곡의 관능적인 매력을 이끌어내지요.

hawaii delivery @hawaii_delivery · May 7, 2018
뭐라 설명하기 힘든 복합적인 매력을 지닌 가수 마빈 게이의 'After The Dance(1976)'입니다. 실키한 목소리와 은근한 연주가 이 곡의 관능적인 매력을 이끌어 내지요 youtu.be/QHw6ZO9WDkU
MARVIN GAYE
I WANT YOU

Robbie Williams & Rupert Everett <They Can't Take That Away from Me>

남자 둘, 로비 윌리엄스와 루퍼트 에버렛이 함께 부르는 재즈 스탠더드 <They Can't Take That Away from Me(2001)>입니다. 둘은 좀 뻔뻔스런 데가 있어서 재미있어요.

Fred Buscaglione <Boccuccia di Rosa>

1950년대 이탈리아의 프랭크 시나트라쯤 될까요. 배우이자 칸초네 가수로 건달의 페르소나를 보여준 프레드 부스칼리오네의 <Boccuccia di Rosa(1958)>입니다. '장미의 입술'이라는 뜻이에요.

Roberta Flack <Looking for Another Pure Love>

로버타 플랙의 《Roberta(1994)》는 스탠더드 재즈나 소울의 명곡들을 커버한 기획 앨범입니다. 그 가운데 스티비 원더의 노래를 다시 부른 <Looking for Another Pure Love>는 원곡만큼 좋아요.

Madeleine Peyroux <I’m All Right>

마들렌 페이루의 <I’m All Right(2006)>입니다. 부드럽게 힘을 뺀 보컬, 주거니 받거니 대화하듯 등장하는 기타와 몽글몽글 쌓이는 해먼드 오르간의 소리가 좋아요.

Papooz <Green Juice>

‘트로피컬 그루브’라는 자신들의 지향점을 잘 구현하는 프렌치 팝 듀오 파푸즈의 <Green Juice(2016)>입니다. 주스보다는 파르페에 가까운 노래예요. 달콤한 탄산 위로 알록달록한 아이스크림과 체리가 올라가 있죠.

hawaii delivery @hawaii_delivery · Mar 25, 2019
프렌치 팝 듀오 파푸즈의 ‘Theatrical State Of Mind(2019)’입니다. 인스타그램 계정에 ‘트로피컬 그루브’ 라는 설명으로 자신들의 음악을 소개하는데, 과연 선명하게 경쾌한 기운이 스며있어요 youtu.be/uZ4J4KhXw9M
PAPOOZ

Françoise Hardy & Iggy Pop <I'll Be Seeing You>
프랑수아즈 아르디와 이기 팝이 함께 부른 <I'll Be Seeing You(1998)>입니다. 사랑스런 멜로디에 두 목소리의 조화가 근사하지요. 한 오십 년 뒤에도 여전히 사랑받을 노래라고 생각해요.

Julia Holter <Feel You>
어떤 부분은 음정을 가진 시 낭송으로 들릴 만큼 예쁘게 노래를 부르는 싱어송라이터 줄리아 홀터의 <Feel You(2015)>입니다. 청명한 날의 공기처럼 신선하고 맑아요.

MIKA <Rain>
이 노래가 나온 지도 십 년이 넘었군요. 제목에 'rain'이 들어가는 모든 노래 중에 가장 비 오는 날과 안 어울리는 곡이 아닐까 싶어요. 미카의 <Rain(2009)>입니다.

Bill Evans & Jim Hall <Angel Face>

하루 종일 한 곡만 계속 들어야 한다면(물론 싫겠지요), 저는 아마도 이 곡을 고를 것 같습니다. 빌 에반스와 짐 홀이 함께한 위대한 곡들이 많지만 이 곡은 넘치는 야심도 튀어나온 모서리도 없이 잔잔한 바람처럼 흐릅니다. <Angel Face(1966)>

Novos Baianos <A Menina Dança>

브라질 밴드 노부스 바이아누스의 <A Menina Dança(1972)>입니다. 제목은 포르투갈어로 'The Girl Dances'라는 뜻이라고 해요. 기타로 조용히 시작하더니 목소리가 더해지고 악기들이 하나씩 가세하면서 춤의 몸짓이 점점 더 커지는 것 같죠.

東北新幹線(Narumin & Etsu) <Summer Touches You>

혼성 듀오 도호쿠신칸센(나루민 & 에츠)의 <Summer Touches You(1982)>입니다. 이 철도 노선이 개통된 게 1982년이라는군요. 이 노래의 정서는 '도회적'이라는 이미 예스러운 말과 '여름'이 만나는 지점 같습니다.

Paul McCartney & Wings <Goodnight Tonight>

폴 매카트니 & 윙스의 <Goodnight Tonight(1979)>입니다. 1930년대 복장으로 시침 뚝 떼고 찍은 뮤직비디오가 참 귀여워요. 훌륭한 사진가이자 윙스 멤버였던 린다 매카트니의 모습도 재밌습니다. 플라멩코 기타의 등장도요.

Beach House <Space Song>

우주 공간을 천천히 떠다니며 듣는 듯한, 비치 하우스의 <Space Song(2015)>입니다. 자전거를 타며 맞는 5월의 바람 속 같기도 하고요.

Craig David <7 Days>

크레이그 데이비드가 열아홉 살에 발표한 <7 Days(2000)>입니다. 인상적인 기타 리프와 넘실거리는 그루브, 박자를 자유자재로 오가는 보컬이 만났죠. 오랜만에 들으면 바로 2000년 무렵이 떠오르는 곡입니다.

The Style Council <Have You Ever Had It Blue>

폴 웰러가 두 번째로 만든 밴드 스타일 카운슬의 흥겨운 곡 <Have You Ever Had It Blue(1986)>입니다. 데이비드 보위가 출연한 영화 <철부지들의 꿈(Absolute Beginners)>의 삽입곡이기도 해요.

阿川泰子 <スキンドゥ·レ·レ(Skindo-Le-Le)>

주로 영어로 노래하는 일본 재즈 보컬리스트 아가와 야스코의 <スキンドゥ·レ·レ(Skindo-Le-Le)(1981)>입니다. 여름의 리듬과 박력 있게 시원한 목소리가 적절하게 만났어요.

hawaii delivery @hawaii_delivery · May 12, 2019
주로 영어로 노래하는 일본 재즈 보컬리스트 아가와 야스코의 'Skindo-Le-Le(1981)'입니다. 여름의 리듬과 박력있게 시원한 목소리가 만났어요
youtu.be/NBKOLN9La7c
SUNGLOW

Take That <I Found Heaven>

좋은 사랑을 만나면 그곳이 헤븐이죠. 테이크 댓의 데뷔 앨범에 수록된 <I Found Heaven(1992)>입니다. 멤버들 나이가 스물 언저리일 무렵이네요. 활기찹니다.

Swan Dive <One Sided>

비 온 뒤 청신한 공기에 잘 어울리는 스완 다이브의 <One Sided(2001)>입니다. 예쁜 멜로디의 산뜻한 곡들을 화음에 실어 들려주는 내슈빌 출신의 듀오예요.

Andre Solomko <I Recall>

우크라이나 출신으로 핀란드에서 활동 중인 안드레 솔롬코의 <I Recall(2012)>입니다. 색소포니스트이자 작곡가인 그가 들려주는 몽롱하고도 향수 어린 사운드는 시대를 멋지게 교란시키죠.

Earth, Wind & Fire <Love's Holiday>

어스 윈드 & 파이어의 부드러운 무드 <Love's Holiday(1977)>입니다. 《All 'n All》 앨범에는 명곡이 여럿 수록되어 있죠. 연인과의 달콤하고 느긋한 휴일 같은 노래예요.

Evelyn "Champagne" King <Love Come Down>

에블린 "샴페인" 킹의 버블리한 댄스곡 <Love Come Down(1982)>입니다. 유래는 모르겠지만 중간 이름을 작명할 일이 생긴다면 참고하고 싶은 인물이에요.

Born Idiot(ft. Flore Benguigui) <Cocktail Bomb>

프랑스 팝 밴드 본 이디어트의 <Cocktail Bomb(2017)>입니다. 렘페라트리스의 보컬 플로르 벵기기가 피처링했어요. 노래 내용처럼 저녁 8시의 바, 화이트 럼과 라임 주스 같은 게 들어간 칵테일이 떠오르는 상큼한 노래죠.

Cal Tjader <Morning>

라틴 음악을 자신의 스타일로 재해석했던 재즈 비브라포니스트 칼 제이더의 <Morning(1971)>입니다. 제목은 모닝이지만 오후나 밤 시간에도 자연스럽게 녹아드는 곡이에요.

Black Eyed Peas <Joints & Jam>

퍼기가 합류하고 세계적 슈퍼 그룹이 되기 전의 블랙 아이드 피스 음반들은 비교적 덜 알려졌지만 아주 훌륭했답니다. 데뷔 앨범 중에서 <Joints & Jam(1998)>을 들어봅시다.

Solange <I Decided>

솔란지의 훌륭하고 간결한 소품 <I Decided(2008)>입니다. 중간중간 섞이는 웃음소리가 듣기 좋고 복고적으로 연출한 뮤직비디오도 귀여워요.

ANRI <Last Summer Whisper>

이 곡이 시작되면 음악에서 'chill'이라고 부르는 것이 뭔지 바로 알 것만 같아요. 느긋한 비트와 조금 관조적인 정서가 깃든 안리의 멋진 곡 <Last Summer Whisper(1982)>입니다.

Pharrell Williams(ft. Jay-Z) <Frontin'>

퍼렐의 솔로 커리어는 이 곡에서 시작됐지요. 미니멀하고 불협화음 같은 리프와 느긋한 템포가 인상적인 곡입니다. 퍼렐 윌리엄스 feat. 제이-지의 <Frontin'(2003)>.

Pat Metheny <My Song>

빗길에 빛이 번진 밤 풍경의 이미지 덕분인지 비 오는 날 밤이면 떠오르는 앨범입니다. 키스 자렛의 원곡도 좋았지만 여기 실린 <My Song(2003)>은 팻 메스니의 기타 소리가 조용히 마음을 다독여줘요.

Robert Glasper <Afro Blue>

피아니스트 로버트 글래스퍼가 만든 밴드 익스페리먼트의 《Black Radio(2012)》는 쟁쟁한 흑인 음악 뮤지션들과 협업한 재즈 힙합 앨범입니다. 에리카 바두가 편안하게 노래한 <Afro Blue>.

Her's <Cool with You>

영국 리버풀 출신의 듀오 Her's의 <Cool with You(2017)>입니다. 4분쯤부터 리듬이 바뀌어요. 저편에서부터 구름을 몰아내며 개기 시작하는 날씨 같지요.

Santo & Johnny <Sleep Walk>

해변 음악 하면 빼놓을 수 없는 산토 & 조니의 <Sleep Walk(1959)>입니다. 눕혀놓고 연주하는 스틸 기타의 묘한 음색이 찌르는 듯 나른하지요. '로큰롤 황금기의 최대 히트곡 중 하나'라고 일컬어집니다.

Henri Salvador <Dans Mon Ile>

낮잠이나 밤잠을 청하기 전, 좋은 꿈을 꾸기 위한 준비로 적절한 곡입니다. 노년의 앙리 살바도르가 다시 부른 <Dans Mon Ile(2006)>. 따뜻하고 부드러운 물결과 그 위를 떠다니는 배가 떠오르지요.

Alvvays <Dreams Tonite>

프론트우먼 몰리 랜킨이 이끄는 토론토 출신의 인디 밴드 올웨이즈의 <Dreams Tonite(2017)>입니다. 꿈의 끝자락같이 아련한 여운이 남아요.

Donny Hathaway <Love, Love, Love>

도니 해서웨이의 <Love, Love, Love(1973)>입니다. 소울풀하다는 게 어떤 의미인지 제대로 느낄 수 있는 목소리지요. 그가 힘차게 부르는 사랑 노래입니다.

Mereba <Sandstorm>

메리언 머리바의 <Sandstorm(2019)>입니다. 래퍼 JID가 보컬 피처링을 했는데 두 사람 목소리가 아주 잘 어울려요. 노래의 시작과 끝에 특히, 눈부신 노을처럼 로맨틱한 금빛이 감도는 것 같습니다.

The Supremes <Stop! In the Name of Love>

다이애나 로스가 리더로 있던 여성 보컬그룹 슈프림스의 <Stop! In the Name of Love(1965)>입니다. 전설적인 레이블 모타운의 아름다운 시절이네요.

hawaii delivery @hawaii_delivery · May 20, 2017
다이아나 로스가 리더로 있던 여성 보컬그룹 수프림스의 'Stop! In The Name Of Love(1965)' 입니다. 모타운의 아름다운 시절이네요. youtu.be/UGJQPkfwlAc

Michael Jackson <Rock with You>

지금껏 소개한 수많은 곡 중에 분명 있었을 것만 같은 곡이지요. 오늘 처음 올리는 마이클 잭슨의 <Rock with You(1979)>입니다. 처음 들었던 순간부터 지금까지 늘 페이보릿이에요.

윤수일 <아름다워>

윤수일의 <아름다워(1984)>, 오래된 노래지만 요즘 들으면 더 좋아요. 멜로디가 예쁘고 베이스가 세련되었지요. 한국 가요사의 잊을 수 없는 장면입니다. “어디선가 들려오는 연인들의 조용한 밀어”라는 예스런 가사를 좋아해요.

Grover Washington Jr. & Bill Withers <Just the Two of Us>

어린 시절부터 이 곡은 제게 항상 ‘도시’의 느낌을 줍니다. 그로버 워싱턴 주니어와 빌 위더스가 함께한 <Just the Two of Us(1981)>. 때로 인생은 둘만으로도 충분하지요.

Beirut <Postcards from Italy>

브라스를 풍부하게 사용하는 베이루트의 곡들은 아련한 노스탤지어를 불러일으키죠. 도입부의 우쿨렐레 선율이 인상적인 <Postcards from Italy(2006)>입니다.

아도이 <Grace>

멤버 중 한 사람이 키우는 고양이 이름인 '요다'를 거꾸로 써서 밴드 명을 정했다고 해요. 아도이(Adoy)의 품위 있는 신스팝 넘버 <Grace(2017)>입니다.

Wilco <You and I>

윌코 곡 중에서는 아마 가장 밝은 쪽에 위치할 것 같은 사랑스러운 듀엣이에요. <You and I(2009)> 내내 같은 멜로디를 따라서 다른 텍스처의 목소리를 보태고 있는 피처링의 주인공은 레슬리 파이스트입니다.

Angela McCluskey <It’s Been Done>

스코틀랜드 출신의 싱어송라이터 안젤라 맥클러스키의 <It’s Been Done(2004)>입니다. 대양 위로 뭉게뭉게 피어오르는 구름 같은 인트로부터 잊을 수 없는 음색의 보컬까지, 인상적인 곡이지요.

McClenney <Glide>

크리스 맥클레니의 <Glide(2017)>입니다. 쫀득한 베이스 연주, 리듬을 타는 보컬이 만들어내는 그루브가 기분 좋죠. 넓은 공간을 미끄러지듯 활강하는 기분이 들어요.

Tennis <In the Morning I'll Be Better>

테니스는 덴버 출신의 부부로 이루어진 팝 듀오입니다. 해변에서 뜨겁게 그을린 몸과 마음을 식히는 여름밤에 어울릴 것 같은 곡이에요. <In the Morning I'll Be Better(2016)>

Sol Hoopii's Novelty Trio <Ka Mele Oku'u Pu'uwai>

하와이를 배경으로 한 영화 <디센던트(2011)> OST 중에서 솔 후피이스 노벨티 트리오의 <Ka Mele Oku'u Pu'uwai>입니다. 78rpm의 음질에 얹힌 하와이의 바람과 물결이 그려지지요.

Junior Senior <Move Your Feet>

시작부터 한순간도 발을 멈출 수 없게 만드는 곡. 덴마크 남성 듀오 주니어 시니어의 <Move Your Feet(2003)>입니다. 좀 정신이 나간 것처럼 신나는 노래예요. 뮤직비디오도 귀엽습니다.

Anderson Paak <The Bird>

앤더슨 팩의 <The Bird(2016)>입니다. 그루브한 리듬감, 곡의 여백을 확보하면서도 적절하게 매력을 더하는 피아노와 색소폰 연주, 까슬까슬한 보컬의 음색이 조화롭게 어울려요.

WHAM! <Everything She Wants>

왬!의 <Everything She Wants(1984)>입니다. <Last Christmas>와 더블 A 사이드로 발매된 곡이었어요. 이른바 원조 '롤라장' 분위기가 나지만 비트가 요즘 곡 같죠. 조지 마이클의 세련된 감각이 돋보입니다.

Cecile Mclorin Salvant <No Regrets>

세실 맥로린 살반트는 우리 시대의 엘라 피츠제럴드라 할 만한 재즈 보컬리스트입니다. 선명한 스타일링도 늘 유쾌하죠. 그의 <No Regrets(2010)>입니다. 유튜브에서만 들을 수 있어요.

Alicia Keys(ft. Jimmy Cozier) <Mr. Man>

앨리샤 키스 feat. 지미 코지어의 <Mr. Man(2001)>입니다. 인트로의 현악 사운드가 인상적이지요. 어딘지 흙냄새를 풍기는 지미 코지어의 목소리와 앨리샤 키스의 힘있는 목소리가 독특한 조화를 이룹니다.

Metronomy <The Look>

영국 신스팝 밴드 메트로노미의 간결하고 감각적인 <The Look(2011)>입니다. 여름이 다가오면 생각나는, 주석잔에 담긴 차가운 음료처럼 청량한 곡이에요.

Blossom Dearie <Put On a Happy Face>

노년까지도 맑고 잘그랑거리는 목소리로 유명했던 블로섬 디어리의 <Put On a Happy Face(1964)>입니다. 이런 목소리로 행복한 표정을 지으라고 속삭이면 이미 기분이 좋아져 버리지 않겠어요.

Kool & The Gang <Summer Madness>

5월 말은 이제 거의 여름입니다. 여름의 클래식이라 할 수 있는 쿨 & 더 갱의 <Summer Madness(1974)>. 무수히 많은 곡에 샘플링되어 은연중에 친숙하죠. 저희가 갔던 크루앙빈 공연에서도 이 곡을 짧게 연주하더군요.

Kwaku Asante <Say Goodbye>

런던을 베이스로 활동하는 네오소울 싱어 콰쿠 어산티의 <Say Goodbye(2019)>입니다. 담담한 무광의 보컬이 안정감 있죠. 두 번 정도 리듬이 바뀌는 부분에서 드라마틱한 장면 전환이 벌어져요.

John Paul Young <Love Is in the Air>

존 폴 영의 경쾌한 노래 <Love Is in the Air(1978)>입니다. 사랑하는 사람에게 세상은 참 주관적으로 비칩니다. 내 안에 사랑이 가득할 때면 세상도 그렇게 느껴지죠.

Color Me Badd <I Adore Mi Amor>

미국의 R&B 그룹 컬러 미 배드의 <I Adore Mi Amor(1991)>입니다. 이 노래를 라디오에서 처음 듣던 순간이 아직도 기억납니다. 당시에도 무척이나 새로웠지만 지금도 그래요.

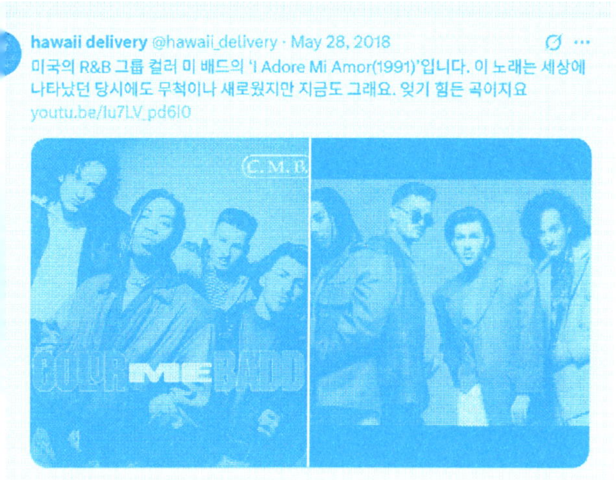

hawaii delivery @hawaii_delivery · May 28, 2018
미국의 R&B 그룹 컬러 미 배드의 'I Adore Mi Amor(1991)'입니다. 이 노래는 세상에 나타났던 당시에도 무척이나 새로웠지만 지금도 그래요. 잊기 힘든 곡이지요
youtu.be/lu7LV_pd6l0
C.M.B.
COLOR ME BADD

Julio Iglesias <Moonlight Lady>

훌리오 이글레시아스의 이글거리는 노래 <Moonlight Lady(1984)>입니다. 문라이트 레이디지만 분위기는 남국의 햇빛이 쏟아지는 것 같지요.

Sports <Strange to Hear>

스포츠라는, 검색이 아주 곤란한 이름을 가진 오클라호마 출신 밴드의 곡 <Strange to Hear(2015)>입니다. 단순한 구조에 연주는 소박한데 어딘가 따뜻한 물속에서 헤엄치는 것처럼 아늑한 기분을 줘요.

Odyssey <Lucky Star>

뉴욕을 기반으로 활동하다가 이후 영국으로 옮겨갔던 밴드 오디세이의 <Lucky Star(1978)>입니다. 잘 알려지지 않은 곡이지만 참 좋아요. 현악과 브라스가 풍부한 이 시절의 음악이 주는 힘이 있죠.

Ronny Jordan <Mambo Inn>

활기찬 곡을 들어볼까요. 빅 밴드가 연주하는 라틴 재즈로 잘 알려진 <Mambo Inn>을, 간결한 악기 구성으로 연주한 로니 조던의 버전입니다(1991).

The Lovin' Spoonful <Do You Believe in Magic?>

입을 모아 부르는 코러스도, 징글쟁글거리는 기타 소리도 느긋하게 즐거운 러빈 스푼풀의 <Do You Believe in Magic?(1965)>입니다. 음악의 마법을 믿는 사람들이 만들 수 있는 노래예요.

Fairground Attraction <A Smile in a Whisper>

영국 밴드 페어그라운드 어트랙션의 <A Smile in a Whisper(1988)>입니다. 회전목마를 타고 오르내리며 주고받는 눈빛처럼, 순진하게 예쁜 느낌이 드는 곡이에요.

Dale Earnhardt Jr. Jr. <God Only Knows>

어떻게 다시 불러도 나쁘기 어려운, 또 한편으로는 어떻게 다시 불러도 더 좋기 쉽지 않은 게 바로 이런 원곡의 힘 같아요. 꽤 멀리까지 자기 색깔을 밀고 가는 JR JR의 비치 보이스 커버곡 <God Only Knows(2010)>입니다.

Mayer Hawthorne <Just Ain't Gonna Work Out>

가수이자 멀티 연주자이자 오디오 엔지니어이자 DJ 등으로 활약하는 메이어 호손의 <Just Ain't Gonna Work Out(2009)>입니다. 유쾌하고도 빛나는 레트로풍 데뷔 앨범에 수록되어 있죠.

여름

선우 사계절을 하루로 치자면 이제 한낮이네요. 태양이 가장 높은 곳에서 작열하는 계절, 여름입니다. '하와이 딜리버리'라는 제목에 이미 여름 느낌이 배어 있어요. 어찌 보면 한국의 사계절 속에서도 기본적으로는 내내 여름 바닷가의 정서를 떠올리며 선곡한 리스트인 거죠.

하나 6월, 7월, 8월입니다. 하루하루 선곡하고 올릴 때는 미처 몰랐는데, 이렇게 모아놓고 보니 그제야 보이는 것들이 있어서 재미있어요. 막연히 여름에는 시원한 느낌을 주는 곡들을 찾았겠지 생각했는데, 그보다 더 두드러지는 특징은 진하다는 거예요. 열대의 큼직하고 강렬한 꽃 색깔처럼요.

선우 다른 계절에는 좀 노골적이거나 부담스럽다고 여길 만한 강렬한 리듬, 발산하는 에너지의 곡들이 여름에는 허용되는 것 같아요. 마치 옷차림에서도 밝고 뜨거운 태양빛 아래에선 화려하고 튀는 색감이나 과감하고 도발적인 디자인이 비교적 더 쉽게 받아들여지는 것처럼요.

하나 마구 발산하고 과하게 달려가는 음악들을 자주 선곡하는 사이사이에 아주 간결하고 모든 걸 내려놓은 듯한 쉼표 같은 곡이 들어가 있어요. 이를테면 노부스 바이아누스의 <Acabou Chorare>(7월 30일 선곡) 같은 곡처럼요. 나도 모르게 열을 올렸다가 갑자기 지쳐버리는 여름날 같아요.

선우 너무 더울 땐 깊이 생각하고 싶지 않으니까. 수평자세로 쉬어야죠. 그리고 은근히 앨범 커버도 영향을 주는 것 같아요. 나무가 우거져 있고, 해변을 즐기는 사람이 나오거나 알록달록한 열대의 새, 꽃 같은 것들이 등장하는 커버들은 그런 계절에 즐기라는 부드러운 유도 같기도 하죠.

하나 여름에 특히 브라질 음악이 많이 들어가 있는 것도 그런 이유에서가 아닐까요.

선우 맞아요, 삼바나 보사노바가 가장 어울리는 계절이죠. 그런 기후에서 살아온 사람들의 지혜가 장르적으로 응축되어 있는 것 같기도 해요. 너무 용쓰지 않고 힘을 빼는 기술.

하나 이 리스트가 감상용이기보다는 BGM 지향적이고 '편안함'을 중요하게 여기다 보니 소위 본토 음악보다는 브라질 뮤지션들이 미국으로 건너가 영어로 발표한 버전처럼 친숙한 요소들로 코팅된 것들을 고른 게 많더라고요. 또 이를테면 비틀즈의 너무 유명한 곡은 흥미롭게 리메이크된 버전을 고른다든가 하는 식으로 조금씩 비껴가요.

선우 제목 자체에 여름, summer가 들어가는 곡들도 많이 고르게 되더라고요. 당연한 일이겠지만.

하나 여름의 특산물은 그 작열하던 태양이 저물 때 진하게 퍼져 나가는 석양이기도 하죠. 노을 무렵의 정서를 담은 곡들도 많아요.

선우 몽글대는 구름도! 야마시타 타츠로의 시티팝 앨범 커버 같은 이미지가 전형적이죠. 스포티파이로 플레이리스트를 업데이트하면서는 빠진 게 많아서 아쉬웠지만요.

하나 그리고 또 발견한 사실이 있어요. 우리는

서울사이버음악대, 줄여서 서사음이라고 부르는 아마추어 2인조 밴드의 멤버이기도 하잖아요. 선우씨는 리코더, 나는 우쿨렐레를 맡아서 작은 연주회를 하곤 하죠. 그런데 하와이 딜리버리 리스트를 모아서 쭉 들어보니 선우씨는 확실히 목관악기 멜로디를 좋아하고 나는 확실히 기타 리듬을 좋아해!

선우 그런 악기 소리 취향도 대쪽 같다는 게 너무 놀라워!

Bryan Ferry <I'm in the Mood for Love>

브라이언 페리가 부른 <I'm in the Mood for Love(1999)>입니다. 추운 계절에도 좋지만, 어스름이 내리는 여름 저녁 무렵에 차가운 화이트와인을 마시며 들어도 꽤 어울리는 분위기죠.

Young-Holt Unlimited <Soulful Strut>

램지 루이스 트리오에서 활동하던 멤버들의 팀 영-홀트 언리미티드의 연주곡 <Soulful Strut(1968)>입니다. 바버라 애클린이 피아노 대신 노래한 <Am I the Same Girl?>도 좋아요.

Omara Portuondo(ft. Chico Buarque) <O Que Será>

쿠바의 오마라 포르투온도와 이 곡의 작곡가이기도 한 브라질의 시쿠 부아르키가 함께한 <O Que Será(2008)>입니다. 두 전설적인 뮤지션이 각자의 언어(스페인어, 포르투갈어)로 부르다가 후렴구에서 스페인어로 합쳐집니다. 두 언어의 차이를 느껴보는 것도 즐거워요. 유튜브에서만 들을 수 있습니다.

Super Furry Animals <Northern Lites>

슈퍼 퍼리 애니멀스의 <Northern Lites(1999)>입니다. 브라스가 정말 신나고 귀엽게 쓰인 곡이 아닐까 해요. 경쾌한 칼립소 리듬이 좋습니다.

Alpharo <Stupid Songs>

부에노스아이레스에서 태어나 텍사스 엘패소에서 활동하고 있는 알파로의 <Stupid Songs(2018)>입니다. 아직 디스코그라피가 아주 짧지만 세상에 내놓은 몇 곡의 싱글은 이 싱어송라이터의 이름을 눈여겨보게 할 만큼 충분히 감각적이고 또 편안해요.

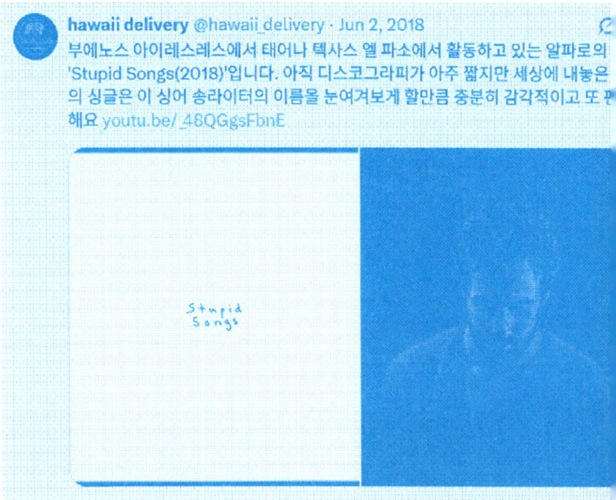

Unknown Mortal Orchestra <So Good at Being in Trouble>

사이키델릭한 스타일을 낭만적으로 사용하는 밴드 언노운 모털 오케스트라의 <So Good at Being in Trouble(2013)>입니다. 로파이한 사운드 속을 편안하게 헤엄치는 기분이 들어요.

Suede <She's in Fashion>

스웨이드의 <She's in Fashion(1999)>입니다. 오랜만에 브렛 앤더슨의 꺾이는 목소리를 들으면 순식간에 1990년대로 돌아가는 것 같죠.

Joey Dosik <Running Away>

소울 뮤지션 조이 도식의 <Running Away(2016)>입니다. 기름기가 조금 부족해 서걱서걱한 목소리, 복고적인 곡의 스타일에 건실한 매력이 있어요.

구남과여라이딩스텔라 <건강하고 긴 삶>

구남과여라이딩스텔라의 <건강하고 긴 삶(2011)>입니다. 맘에는 노래가 있고, 밤에는 그리움이 있고, 나에겐 아직 시간이 많은, 그런 삶.

Incognito <Still a Friend of Mine>

시대를 풍미했던, 그리고 지금도 활발히 활동하고 있는 영국의 애시드 재즈 밴드 인코그니토의 <Still a Friend of Mine(1993)>입니다. 풍성한 사운드와 흥겨운 리듬으로 꽉 찬 5분 30초.

Average White Band <Pick Up the Pieces>

애버리지 화이트 밴드의 <Pick Up the Pieces(1974)>입니다. 앨범 커버는 시대착오적으로 낡아 보이지만 다행스럽게도 음악은 여전히 좋아요. 브라스를 절도 있게 사용하죠.

The Blackbyrds <Dreaming About You>

노래 한 곡이 짧은 여행이 될 때가 있죠. 프로듀서이기도 한 도널드 버드의 트럼펫 연주, 그리고 보컬의 화음이 우리를 먼 곳으로 데리고 갑니다. 더 블랙버즈의 <Dreaming About You(1977)>.

Marlena Shaw <Feel Like Makin' Love>

말레나 쇼 버전의 <Feel Like Makin' Love(1974)>입니다. 시원하고도 스웩 넘치는 보컬과 스타카토의 기타가 이 명곡을 더욱더 풍성하게 하지요. 언제 들어도, 누구의 버전으로 들어도 좋은 곡이긴 하지만요.

Los Retros <Someone to Spent Time With>

로스 레트로스는 멕시코계 미국인인 마우리 타피아의 원맨 밴드입니다. <Someone to Spent Time With(2019)>를 듣고 있으면 2000년대생인 그가 자라며 쌓아온 정서 같은 것들이 풍성하게 느껴져요.

Sondre Lerche <Wet Ground>

손드레 레르케의 두 번째 앨범 중 <Wet Ground(2004)>입니다. 명료하고 개성 있는 목소리가 시작되는 순간 귀를 사로잡습니다. 그리고 그 텐션은 절묘하게 끝까지 유지되지요.

Luke Temple <Florida>

루크 템플의 <Florida(2013)>입니다. 탄탄한 베이스를 깔아두고 여러 질감의 소리들을 차곡차곡 쌓아 올려 긴장을 가져가다가 말미에 이르면 무너뜨리고 뒤섞는데, 그 광경이 짜릿하게 느껴져요.

Claude Nougaro <Dansez Sur Moi>

프랑스 가수 클로드 누가로의 <Dansez Sur Moi(1973)>입니다. 깊은 가을 감성의 샹송이지만 아직 서늘함이 남은 초여름 저녁에도 제법 잘 어울립니다.

Raphael Saadiq <Never Give You Up>

라파엘 사딕의 <Never Give You Up(2008)>입니다. 중간에 스티비 원더의 하모니카 피처링이 등장하기 전, "Do I Do"에서 스티비가 디지 길레스피를 소개하던 멘트를 따라 하는 게 귀여워요.

Casiopea <What Can't Speak Can't Lie>

오랜 세월 활동해 온 일본 출신 퓨전 재즈 밴드 카시오페아의 <What Can't Speak Can't Lie(1983)>입니다. 제목이 인상적이죠. 아무리 숨기려 해도 드러나는, 말 한마디 없이도 이미 알아버린 감정에 대한 이야기입니다.

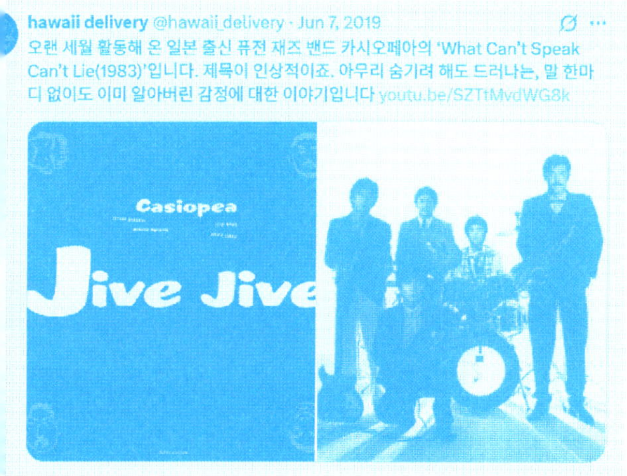

Deniece Williams <Free>

'센슈얼하다'는 이런 노래에 쓰는 표현 아닐까요. 느린 템포지만 전혀 느슨하지 않고 꽉 짜인 긴장감이 지속됩니다. 특히 비트가 시작되는 부분에선 항상 감탄이 나와요. 데니스 윌리엄스의 <Free(1976)>.

Vulfpeck <Back Pocket>

벌프펙의 <Back Pocket(2015)>은 하루를 산뜻하게 시작하기에 적절한 음악이죠. 후반부의 클라리넷 연주가 곡을 더 특별하게 만들어요.

hawaii delivery @hawaii_delivery · Jun 8, 2018
벌프펙의 'Back Peckt(2015)'은 하루를 산뜻하게 시작하기에 적절한 음악이죠. 후
부의 클라리넷 연주가 곡을 더 특별하게 만들어요 youtu.be/yG96RttfZtM
ULFPECK
HRILL OF THE ARTS
PECK
K POCKET

Quincy Jones <Velas>

퀸시 존스의 편안한 연주 음악 <Velas(1981)>입니다. 실크 가운처럼 부드럽게 몸에 감기는 질감이에요. 이반 린스의 원곡을 리메이크했는데, 이 버전에서는 투츠 틸레망의 하모니카 연주가 거의 모든 걸 다 했죠.

유재하 <지난날>

유재하는 직접 모든 곡을 작사·작곡·편곡한 단 한 장의 앨범을 내놓고 바로 그해 스물다섯의 나이에 교통사고로 사망하고 맙니다. 클래식하고 아름다운 멜로디로 가득한, 당시로선 믿기지 않는 앨범이었죠. <지난날(1987)>입니다.

Big Mountain <Baby, I Love Your Way>

피터 프램튼의 원곡을 레게로 리메이크한 빅 마운틴의 <Baby, I Love Your Way(1994)>입니다. 전 세계적으로 히트했던 곡이죠. 유비포티 또는 밥 말리가 부른 것으로 광범위하게 잘못 알려진 곡이기도 합니다.

Benny Sings <Coconut>

파리 '호텔 코스테'의 전속 DJ 스테판 퐁푸냑이 그가 믹싱한 버전의 모음집 앨범을 내놓으며 라운지 음악을 휩쓸던 때가 있었죠. '호텔 코스테' 10집의 <Coconut(2007)>입니다. 베니 싱즈의 노래.

Feng Suave <Sink into the Floor>

네덜란드의 사이키델릭 팝 듀오 펑 수아브의 <Sink into the Floor(2017)>입니다. 밴드 이름은 '부드러운 바람'을 뜻한다고 해요. 보컬과 베이스, 기타가 번갈아가며 이어가는 플로가 과연 밤의 미풍처럼 불어옵니다.

Bane's World <You Say I'm in Love>

베인스 월드의 <You Say I'm in Love(2016)>입니다. 파도 소리를 들으며 도톰한 담요를 몸에 감고 잠드는 포근한 기분이 들어요.

Sade <Your Love Is King>

서두르거나 애쓰는 태도는 섹시할 수 없다는 걸 가르쳐주는 대체 불가능한 음성, 샤데이의 <Your Love Is King(1984)>입니다.

Lonnie Smith <It's Changed>

미국의 오르가니스트 (닥터) 로니 스미스의 <It's Changed(1977)>입니다. 열기구나 풍등처럼 저 높은 곳으로 한없이 부양하는 듯한 느낌이에요. 해먼드 오르간 소리가 신비로운, 멋진 곡입니다. 유튜브에서만 들을 수 있네요.

Blackstreet <Happy Song (Tonite)>
프로듀서이자 작곡가, 뉴잭스윙을 만들어낸 장본인 테디 라일리가 몸담았던 그룹 블랙스트리트의 <Happy Song (Tonite)(1996)>입니다. 어째서 첫마디부터 해피해지는 걸까요.

Ronnie Foster <Mystic Brew>
재즈 오르간 연주를 한 곡 더 들어볼까요. 로니 포스터의 <Mystic Brew(1972)>입니다. 단정하고 잔잔하게 시작해서 점점 걷잡을 수 없이 사이키델릭한 쪽으로 흘러가요.

Milton Nascimento <Quem Sabe Isso Quer Dizer Amor>
브라질 뮤지션 미우통 나시멘투의 <Quem Sabe Isso Quer Dizer Amor(2002)>입니다. 영어로는 'Who Knows That Means Love'라는 뜻이라고 해요. 가슴을 두근거리게 만드는 낭만적인 곡이죠. 이 무렵 날씨처럼요.

Cher <Walking in Memphis>

셰어의 <Walking in Memphis(1995)>입니다. 보컬이 시작되기 전 피아노로 연주하는 멜로디가 청량해요. 시대를 풍미한 TV 시리즈 <X파일>에서 이 노래를 사랑스럽게 사용한 에피소드가 있었죠.

Dexter Wansel(ft. The Jones Girls) <I'll Never Forget (My Favorite Disco)>

프로듀서 덱스터 완셀의 곡에 존스 걸스가 피처링한 <I'll Never Forget (My Favorite Disco)(1979)>입니다. 튕기는 베이스와 한없이 가벼운 가사가 주는 디스코의 미덕.

ELO(ft. Olivia Newton-John) <Xanadu>

1970, 80년대의 특급 아이돌 올리비아 뉴튼 존과 ELO의 <Xanadu(1980)>입니다. 알록달록한 네온과 롤러스케이트가 떠오르는 곡이에요. 동명의 영화 주제곡이기도 하지요.

Erlend Øye <Rainman>

킹스 오브 컨비니언스의 멤버 얼렌드 오여의 솔로 앨범 중 <Rainman(2014)>입니다. 껑충하게 큰 키로 흐느적대는 그의 독특한 춤처럼 무해하고 재미있고 귀여운 노래예요. 유튜브에서만 들을 수 있습니다.

Belle and Sebastian <Funny Little Frog>

벨 앤 세바스찬의 명랑한 노래 <Funny Little Frog(2006)>입니다. 강에서 풍겨오는 물비린내가 짙어지고 풀벌레와 개구리 울음소리가 들려오는, 그야말로 여름밤의 시작이네요.

Eumir Deodato <Speak Low>

재즈 스탠더드 <Speak Low>가 브라질 해변으로 건너가면 어떻게 될까요. 에우미르 지오다투의 <Speak Low(1975)>입니다. 노래라는 씨앗도 어느 곳으로 흘러가느냐에 따라 참 달라지는 것 같아요.

Lisa Stansfield <All Around the World>

리사 스탠스필드의 <All Around the World(1989)>입니다. 듣다 보면 음색도 연주도 어딘가 시원한 느낌의 푸른빛 조명이 어른거리는 듯해요.

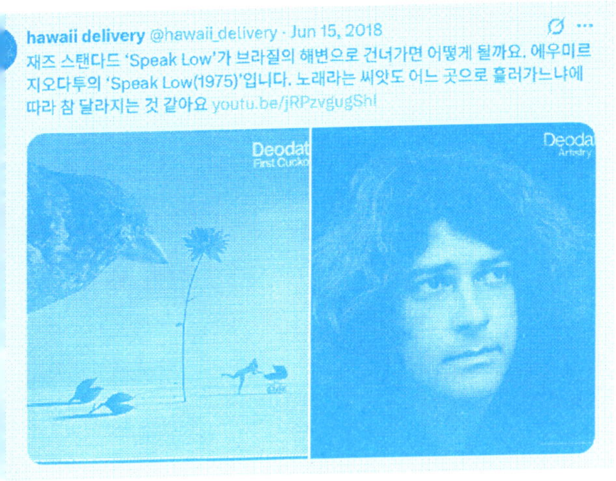

Blur <Coffee & TV>

블러의 <Coffee & TV(1999)>입니다. 우유의 대모험을 담은 이 뮤직비디오는 깜짝 놀랄 정도로 귀여운 작품이었죠. 베스트 비디오 상도 여러 번 받았다고 합니다. 꼭 찾아보시길요.

Koffee Brown <After Party>

이 노래를 들으면 딱 2000년경의 감성이란 생각이 들어요. 커피 브라운의 <After Party(2000)>입니다. 리듬이 슬렁슬렁 춤추기에 좋지요.

Leven Kali <Do U Wrong>

디 인터넷의 시드가 피처링한 레이빈 칼리의 <Do U Wrong(2018)>입니다. 두 보컬의 거리감과 낙차, 포개졌다 어긋났다 하는 비트가 만들어내는 여유로운 그루브가 멋져요.

DeBarge <I Like It>
실제 남매들이 함께 활동한 가족 그룹인 드바지의 <I Like It(1982)>입니다. 음색이 닮은 보컬들이 겹치는 뒤에서 중심을 잡아주는 베이스가 좋아요.

Donald Byrd <Cantaloupe Island>
재즈 스탠더드 넘버 <Cantaloupe Island(1964)>입니다. 허비 행콕의 원곡이나 Us3가 샘플링한 곡으로도 종종 듣게 되지만 오늘은 트럼펫 연주자 도널드 버드의 느긋한 커버 버전을 골랐어요.

ミツメ <Ghost Dance>
스쿨밴드 멤버들로 출발한 미츠메의 신보 가운데 <Ghost Dance(2019)>입니다. 빈티지한 기타 톤과 아련한 사운드, 소년 같은 보컬이 간질간질한 마음을 일으켜요.

PHONY PPL <Why iii Love the Moon>

포니 피플의 <Why iii Love the Moon(2015)>입니다. 상큼한 비트에 얹힌 건반 소리가 참 좋아요. 무척이나 매력적인 사운드를 들려주는 브루클린 출신의 밴드죠.

The Beatles <This Boy>

비틀즈의 <This Boy(1963)>입니다. 비틀즈가 미국으로 건너가 '브리티시 인베이전'이라 불리는 파란을 일으키던 무렵의 곡이지요. 화음과 멜로디가 참 예쁩니다.

The Explorers Club <Forever>
더 익스플로러스 클럽의 <Forever(2008)>입니다. 멜로디의 진행이나 화음을 사용하는 방식 등, 밴드의 스타일 자체가 비치 보이스에 대한 오마주 같은 팀이에요.

Azymuth <Country Road>
브라질 퓨전 재즈 밴드 아지무치의 <Country Road(1982)>입니다. 여름에 어울리는 브라질리언 기타, 그 위로 흥얼거리는 보컬은 바닷바람 같아요.

hawaii delivery @hawaii_delivery · Jun 19, 2018
브라질 퓨전재즈 밴드 아지무스의 'Country Road(1982)'입니다. 여름에 어울리는 브라질리언 기타, 그 위로 흥얼거리는 보컬은 바닷바람 같아요 youtu.be/cV--EfsfoWc

june 20th

Bobby Oroza <This Love Pt. 1>

핀란드 헬싱키 출신의 소울 아티스트 바비 오로자의 <This Love Pt. 1(2016)>입니다. 술기운이 살짝 있는 자정 즈음에 어울리는 곡이네요. 정보를 모르고 들으면 어느 시대의 노래인지 아리송하겠지요.

Sergio Mendes & Brasil '66 <Night and Day>

세르지우 멘지스와 브라질 '66의 <Night and Day(1967)>입니다. 콜 포터의 재즈 스탠더드를 그들스러운 방식으로 부릅니다. 살랑이는 물결처럼.

Astrud Gilberto <The Face I Love>

아스트루드 지우베르투의 맑고 예쁘고 짧은 곡 <The Face I Love(1967)>입니다. 청명한 날씨에 다정한 풍경 속을 거니는 느낌이 들지요.

Ben Folds Five <Where's Summer B?>

벤 폴즈 파이브의 첫 앨범 중 경쾌한 곡 <Where's Summer B?(1995)>입니다. 코러스가 터져 나오는 부분에선 어디론가 달려가고 싶어지죠. 벤 폴즈의 피아노 소리도 싱그럽습니다.

Devendra Banhart <Mi Negrita>

싱어송라이터 데벤드라 밴하트의 아련하게 회고하는 듯한 곡 <Mi Negrita(2013)>입니다. 영어와 스페인어를 오가며 노래하는데, 이 노래 제목은 'My Bold One'이라는 뜻이라고 해요.

Young Tender <Me Gustas>

멕시코 몬테레이 출신 밴드 영 텐더의 <Me Gustas(2018)>입니다. 덜 정제된 로파이 사운드와 어딘가 오돌도돌 까슬한 스페인어 발음의 텍스처가 서로 잘 어울리죠.

Smokey Robinson <Being with You>

스모키 로빈슨의 <Being with You(1981)>입니다. 곡의 시작을 여는 노골적인 색소폰 연주에서 직감할 수 있듯 사랑을 갈구하는 노래예요.

듀스 <In the Mood>

듀스 3집의 부드럽고 로맨틱한 노래 <In the Mood(1995)>입니다. 힙합 듀오였던 듀스가 이런 감미로운 노래도 불렀다는 사실은 잘 알려지지 않았죠.

Men I Trust <Show Me How>

멘 아이 트러스트의 <Show Me How(2018)>입니다. 느긋하고 여유로운 리듬 위로 가벼운 목소리가 올라앉죠. 아무것도 재촉하거나 추궁하지 않고 천천히 위로해주는 듯한 노래예요.

Fake Laugh <Better for Me>

런던과 베를린을 오가며 활동하는 페이크 래프의 <Better for Me(2018)>입니다. 느릿하고 단순한데 계속 들어도 질리지 않는 매력이 있는 노래지요.

Kamasi Washington <Cherokee>

카마시 워싱턴의 대작 앨범 《The Epic》 중 <Cherokee(2015)>입니다. 재즈 색소포니스트이자 작곡가, 프로듀서로서 그의 역량이 풍요롭게 넘쳐흐르는 앨범이죠. 기분 좋은 곡입니다.

The Drums <Let's Go Surfing>

더 드럼스의 <Let's Go Surfing(2009)>입니다. 서퍼가 아니라도 당장 바다로 달려가고 싶게 만드는 단순하고 신나는 곡이에요.

Kainalu <Finding Peace of Mind>

트렌트 프롤의 레코딩 프로젝트인 카이날루의 <Finding Peace of Mind(2017)>입니다. 일본계 하와이안인 그가 쓰고 프로듀스하고 연주하고 레코딩한 이 곡에는 사이키델릭함 속에 온화한 느긋함이 배어 있어요.

Toploader <Dancing in the Moonlight>

킹 하베스트의 원곡을 리메이크한 톱로더의 <Dancing in the Moonlight(2000)>입니다. 달빛 속에 모두들 춤을 추며 '슈퍼내추럴 딜라이트'를 느끼는 여름밤이 떠오르지요.

조정현 <그대 생각뿐>

뜨거운 초여름날 떠오르는 곡입니다. 조정현 1집 중 <그대 생각뿐(1989)>. 작사 신재각, 작곡 신재홍, 편곡 이호준, 코러스 김종찬. 오래전 곡인데 저는 한국 대중음악에서 이런 피아노 소리를 처음 들었던 것 같아요.

Walter Wanderley <Cry Out Your Sadness>

열대우림 속으로 한 발 들여놓은 듯한 밤이 찾아오곤 하는 이 무렵 떠오르는, 오르가니스트 발테르 반덜레이의 앨범에서 <Cry Out Your Sadness(1966)>를 듣습니다. 이소라의 <청혼>이 떠오르기도 하는 곡이에요.

Good Morning <Warned You>

호주 멜버른 출신 듀오 굿모닝의 <Warned You(2014)>입니다. 온순한 버전의 맥 드마르코 같은 느낌이 들어요. 이 노래와 함께 잠에서 깬다면 꽤 괜찮은 아침이 될 것 같죠.

The Foundations <Take a Girl like You>

<Build Me Up Buttercup>으로도 잘 알려진 더 파운데이션스의 <Take a Girl like You(1968)>입니다. 완곡어법 없이 직선적이고 에너지가 넘치는 노래죠.

山下達郎 <Loveland, Island>

야마시타 타츠로의 <Loveland, Island(1982)>입니다. 흰 요트를 타고 푸른 바다를 가르며 멋진 섬으로 향하는 듯한 느낌이 들지요. 후덥지근한 장마 시즌에 올리는 도피성 음악입니다. 유튜브에만 올라와 있어요.

Eliane Elias <That’s All It Was>

브라질의 재즈 피아니스트이자 가수, 작곡가인 엘리아니 엘리아스의 <That’s All It Was(2000)>입니다. 노을이 지고 멀리까지 주황빛이 낮게 번져가던 어느 날의 기억 같은 곡이지요.

竹内まりや <夢の続き>

다케우치 마리야의 <夢の続き(1987)>입니다. 백그라운드 보컬은 남편인 야마시타 타츠로예요. 둘은 시티팝 역사상 최강의 커플이자 동료로서 근사한 곡들을 무수히도 만들어냈죠.

Michael Franks <Soulmate>

읊조리듯 편안하게 부르는 목소리. 마이클 프랭스의 <Soulmate(1993)>입니다. 습하고 더운 계절의 밤에는 나긋하고 힘 빠진 보컬이 어울리지요.

Marlena Shaw <California Soul>

말레나 쇼의 <California Soul(1969)>입니다. 풍성한 편곡이 가슴을 벅차오르게 하는 디바 송이죠. 차창을 내리고 머리카락을 흩날리며 해변을 달릴 때 드라이브 음악으로 잘 어울려요.

The Beach Boys <Your Summer Dream>

여름날 오후에 수박을 썰면서 들으면 더없이 좋은 곡이지요. 비치 보이스의 수많은 노래 중에서도 특히 나른한 곡입니다. <Your Summer Dream(1963)>

> **hawaii delivery** @hawaii_delivery · Jun 29, 2017
> 여름날 오후에 수박을 썰면서 들으면 더없이 좋은 곡이지요. 비치 보이스의 수많은 노래 중에서도 특히 나른한 곡입니다. 'Your Summer Dream(1963)'.
> youtu.be/S8UhSK42OzU

Yuno <No Going Back>

플로리다 출신 싱어송라이터 유노의 <No Going Back(2018)>입니다. 처음 듣고서 한결 가벼워진 테임 임팔라 같다고 생각했어요. 진득한 기타 솔로 앞뒤를 청량한 셔벗으로 감싼 듯한 노래입니다.

naomi & goro <Rosinha>

일본 기타 듀오 나오미 & 고로의 <Rosinha(2007)>입니다. 그들의 두 번째 보사노바 송북 앨범에 실린 곡인데, 브라질에 가서 녹음했다고 해요. 담담하게 편안한 무드의 음악이지만 의외로 '내 삶을 버리고 너와 결혼하고 싶어' 하는 뜨거운 가사라고 하네요. 유튜브에서만 들을 수 있습니다.

hawaii delivery @hawaii_delivery · Jun 28, 2018
일본 기타 듀오 나오미 앤 고로의 'Rosinha(2007)'입니다. 그들의 두번째 보사노바 송북 앨범에 실린 곡인데, 브라질에 가서 녹음했다고 해요. 담담하게 편안한 무드의 음악이지만 의외로 '내 삶을 버리고 너와 결혼하고 싶어' 하는 뜨거운 가사라고 하네요
youtu.be/OA5ByHJx5FM

Danilla <Ada di Sana>

인도네시아 가수 다닐라 리야디의 편안한 곡 <Ada di Sana(2014)>입니다. 안개가 뽀얗게 낀 아침처럼 촉촉한 공기가 가득한 목소리로 내뱉는 낱말들은 뜻을 알 수 없어서 더 예쁘게 들려요.

Marvin Gaye <Soon I'll Be Loving You Again>

마빈 게이의 <Soon I'll Be Loving You Again(1976)>입니다. 리듬과 화성이 참 그만의 고유한 스타일입니다. 물론 부드러우면서도 힘있는 창법도요.

Ohio Players <Love Rollercoaster>

레드 핫 칠리 페퍼스의 리메이크로도 유명한, 오하이오 플레이어스의 <Love Rollercoaster(1975)>입니다. 헐렁하게 여럿이 모여 웃음을 터뜨리며 노는 장면이 그려지는 곡이에요.

一十三十一 <Swept Away>

일본의 싱어송라이터 히토미토이의 느긋하고 매력적인 노래 <Swept Away(2017)>입니다. 도입부부터 귀를 사로잡는 멋진 리듬감과 밝고 가벼운 악기들의 음색이 여름날의 바닷가를 떠올리게 하지요.

Tower of Power <You’re Still a Young Man>

타워 오브 파워의 <You’re Still a Young Man(1972)>입니다. 혼 섹션의 다채로운 음색과 부드러운 화음이 돋보이는 곡입니다. 1968년 이후로 지금까지도 활발히 활동하는 밴드죠.

Nara Leão <O Barquinho>

이 간결하고 아름다운 보사노바 곡은 브라질 뮤지션 나라 레앙의 <O Barquinho(1985)>입니다. 포르투갈어로 '나의 작은 보트'라는 뜻이라고 해요.

Jakob <You Might Be Sleeping>

노르웨이 오슬로 기반으로 활동하는 뮤지션 제이콥 오가와의 <You Might Be Sleeping(2017)>입니다. 싱어송라이터 클레어오가 피처링했고요. 부드럽게 건네는 밤의 안부, 잘 자라는 포근한 인사 같은 곡이에요.

조갑경 <입맞춤>

과즙이 팡팡 터지는 것처럼 상큼한 음색, 조갑경의 발랄한 노래 <입맞춤(1990)>입니다. 주룩주룩 새록새록 나풀나풀 사뿐사뿐, 이런 낱말들을 첫사랑의 심상과 연결한 표현들도 요즘 대중음악에서 감정을 전달하는 방식과는 좀 다른 정취가 있죠.

Caetano Veloso <Lindeza>

카에타누 벨로주의 <Lindeza(1991)>. 아름다운 것을 노래하는 이 가사는 뜻을 모르고 그저 발음을 듣기만 해도 아름다운데요, 마지막쯤의 'Lua Lua Lua Lua'는 'Moon Moon...'이라는 뜻입니다.

PREP <Who's Got You Singing Again>

영국 밴드 프렙의 <Who's Got You Singing Again(2016)>입니다. 밝은 색깔들로 가득한 컬러 차트를 눈앞에 좌르르 펼치는 듯한 곡이에요.

Walter Wanderley <Surfboard>

파도 소리를 배경으로 들으면 더 좋을 것 같은 음악입니다. 서퍼들이 물결을 타는 풍경도 좋겠죠. 안토니우 카를루스 조빙의 곡을 오르간 연주자 발테르 반덜레이가 커버한 <Surfboard(1969)>.

Daft Punk(ft. Todd Edwards) <Fragments of Time>

다프트 펑크 feat. 토드 에드워즈의 <Fragments of Time(2013)>입니다. 다프트 펑크 특유의 뿅뿅거림이 함께하는 따뜻하고 향수 어린 사운드예요. 시간의 조각들.

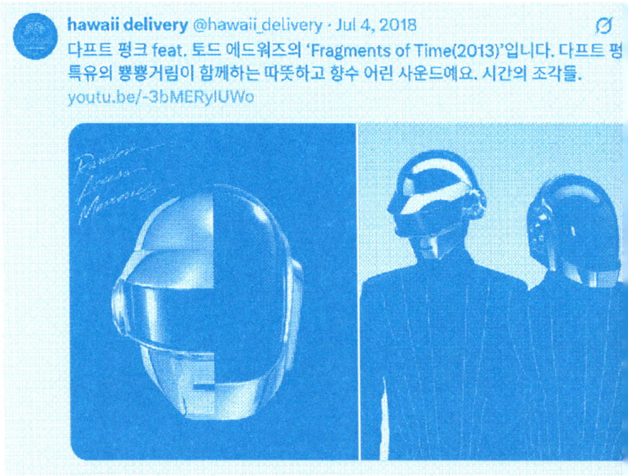

Bobby Caldwell <What You Won't Do for Love>

모국인 미국보다 일본에서 더 큰 사랑을 받았던 싱어송라이터 바비 콜드웰의 <What You Won't Do for Love(1978)>입니다. 중절모를 쓴 젠틀한 이미지는 여전히 매력적이에요.

Alex Burey <Inside World>

런던에서 활동하는 프로듀서이자 싱어송라이터 알렉스 버리의 <Inside World(2015)>입니다. 기타 톤이나 트럼펫 소리 때문인지 쓸쓸하면서도 아주 편안한 느낌이 드는 곡이에요.

Player <Baby Come Back>

플레이어의 <Baby Come Back(1977)>입니다. 영화 <가디언즈 오브 갤럭시>를 위한 어썸 믹스를 선곡한다면 센티멘털한 장면에 넣고 싶은, 오래도록 좋은 곡이에요.

Ivan Lins <Lembra de Mim>

이반 린스의 로맨틱한 곡 <Lembra de Mim(2006)>입니다. 오십 년도 넘게 활동 중인데 부드럽고 낭만적인 그의 분위기는 변함이 없네요. 제목은 'Remember Me'라는 뜻입니다.

Silvetti <Spring Rain>

아르헨티나 출신으로 멕시코에 이주해서 활동했던 피아니스트이자 다재다능한 뮤지션 베부 실베티의 <Spring Rain(1976)>입니다. 봄비치고는 꽤나 박력 있어서 요즘 계절에 더 잘 어울려요. 왠지 처음부터 끝까지 설레는 느낌이 들어요.

TLC <Diggin' on You>

저희의 학창 시절을 풍미한 TLC의 노래 중에서 가장 좋아했던 건 2집의 <Diggin' on You(1994)>였습니다. 베이비페이스가 프로듀스한 곡이죠.

L'Impératrice <Sonate Pacifique>

프랑스 신스팝 밴드 렝페라트리스의 <Sonate Pacifique(2014)>입니다. 제목은 평화로운 소나타 또는 태평양의 소나타로 해석되는데 두 가지 뜻이 다 잘 어울리네요. 바닷물에 발을 담근 기분처럼 부드럽게 청량하다가 살짝 흥겨워져요.

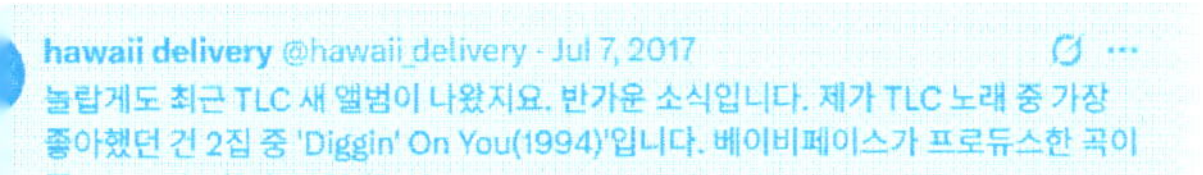

hawaii delivery @hawaii_delivery · Jul 7, 2017
놀랍게도 최근 TLC 새 앨범이 나왔지요. 반가운 소식입니다. 제가 TLC 노래 중 가장 좋아했던 건 2집 중 'Diggin' On You(1994)'입니다. 베이비페이스가 프로듀스한 곡이죠. youtu.be/3siKNGNj2aU
TLC
CrazySexyCool

Natalie Cole <Mr. Melody>

공기 중의 눅눅한 습기를 싹 걷어주는 곡입니다. 햇살처럼 구김살 없이 직진하는 사랑을 노래하는, 나탈리 콜의 <Mr. Melody(1976)>.

Bob James <You're as Right as Rain>

밥 제임스의 키보드 연주를 들으며 하루를 평화롭게 마무리하는 것도 좋겠죠. <You're as Right as Rain(1975)>입니다. 더 스타일리스틱스의 버전으로 잘 알려져 있지요.

The Tams <This Precious Moment>

애틀랜타 출신 보컬 밴드 더 탬스의 <This Precious Moment(1978)>입니다. 듣다 보면 몸을 움직이게 되는 1970년대 특유의 경쾌한 소울 넘버죠. 이런 곡들에서 대개 들을 수 있는 윤기 나는 음색과 다르게 까슬까슬한 질감의 목소리가 개성을 부여해요.

Thundercat <Walkin'>

참 흥미로운 뮤지션이라고 생각합니다. 베이시스트, 프로듀서, 싱어인 1인 밴드 썬더캣의 <Walkin'(2011)>. 익숙한 듯한 멜로디를 예상치 못한 전개로 이끄는데 재미있어요. 괴상한 스타일링도요.

Pet Shop Boys <The Pop Kids>

펫 숍 보이스의 2016년 앨범 《Super》의 리드 싱글 <The Pop Kids>입니다. 뮤직비디오에 흐르는 가사에 감정을 이입하게 됩니다. 그들이 그랬던 것처럼 우리 또한 팝 키즈였으니까요.

Sun Rai <San Francisco Street>

시드니 출신 뮤지션 선 라이의 <San Francisco Street(2013)>입니다. 비가 내려 불빛이 번진 밤의 도시를 미끄러지듯 드라이브하며 듣기 좋은 곡이에요.

Marcos Valle <Seu Encanto>

여름낮에 청신함을 조금 더해줄, 브라질 뮤지션 마르코스 발레의 <Seu Encanto(1965)>입니다. <The Face I Love>라는 영어 제목으로도 여러 번 리메이크된 곡이죠. 앞서 아스트루드 지우베르투 버전을 소개하기도 했어요.

大貫妙子 <都会>

오누키 타에코의 <都会(1977)>입니다. '토카이(도시)'라는 제목처럼 도회적인 산뜻함이 느껴지는 곡입니다. 다양한 악기들의 어우러짐이 아주 풍성하고도 세련되었어요.

The Real Thing <Rainin' Through My Sunshine>

영국의 소울 밴드 더 리얼 씽의 <Rainin' Through My Sunshine(1979)>입니다. 풍부한 요소들이 있지만 어느 것도 돋보이려는 구석 없이 심플하고 조화로운 곡이에요.

Breakbot <One Out of Two>

프로듀서이자 DJ인 브레이크봇의 음악은 너무 새것 같지 않아서 좋죠. 지금은 정식 멤버가 된 보컬리스트 이르팡이 피처링한 <One Out of Two(2012)>에는 낭만적인 레트로 분위기가 흘러요.

Joao Gilberto <Estate>

주앙 지우베르투의 <Estate(1977)>입니다. 세계는 이 뮤지션을 통해 굉장한 아름다움을 알게 되었지요. 그의 바람결 같은 기타 연주와 읊조리는 듯한 목소리가 이 노래의 정서를 다른 차원으로 올려놓습니다.

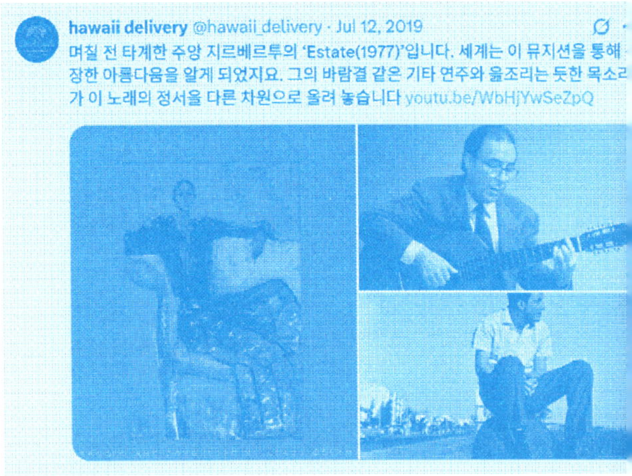

The Whitest Boy Alive <Keep a Secret>

얼렌드 오여의 화이티스트 보이 얼라이브는 그의 다른 밴드인 킹스 오브 컨비니언스의 춤 잘 추는 형제 같은 느낌이죠. 선풍기 바람을 맞으며 리듬을 타기에 좋을 곡입니다. <Keep a Secret(2009)> 유튜브에서만 들을 수 있어요.

Pet Shop Boys <Se a Vida é>

펫 숍 보이스의 <Se a Vida é(1996)>입니다. 포르투갈어 그대로 옮기면 'If Life Is...'에 가깝다고 하네요. 삶의 그림자마저 끌어안아 버리는 긍정이 느껴지는 이 곡은 7월 중순 뜨거운 여름날의 송가로 어울립니다.

hawaii delivery @hawaii_delivery · Jul 14, 2018
펫샵 보이스의 'Se A Vida E(1996)'입니다. 포르투갈어 그대로 옮기면 'If Life Is...'에 가깝다고 하네요. 삶의 그림자마저 끌어안아버리는 긍정이 느껴지는 이 곡은 오늘처럼 뜨거운 여름날의 송가로 어울립니다 youtu.be/3iqZkudmcPY
BILINGUAL

Cesária Evora <Sodade>

복합적인 향수의 감정을 뜻하는 포르투갈어 낱말 'saudade'는 파두의 중요한 정서적 바탕이죠. 서아프리카 카보 베르데식 방언으로는 이렇게 쓴다고 하네요. 세자리아 에보라의 <Sodade(1994)>입니다. 언어를 몰라도 목소리에서 그리움이 전해져 옵니다.

Tahiti 80 <1000 Times>

타히티 80의 <1000 Times(2002)>입니다. 세차던 소나기가 뚝 그치고 날이 확 개었을 때, 파란 하늘에 희고 풍성한 구름이 뭉게뭉게 피어나는 장면 같은 곡이죠.

Fishmans <Baby Blue>

일본의 덥 밴드 피시만즈의 <Baby Blue(1996)>입니다. 신지 사토의 수줍은 음색과 아름다운 멜로디가 이 곡을 잊을 수 없게 합니다.

Crystal Waters <The 'Boy' from Ipanema>

<The Girl from Ipanema>는 많이 들어보셨죠. 크리스털 워터스 버전의 <The 'Boy' from Ipanema(1996)>입니다. 정신을 쏙 빼놓을 정도로 햇살이 쏟아지는 날에 그만이죠.

hawaii delivery @hawaii_delivery · Jul 15, 2017
일본의 덥 밴드 피쉬만즈의 'Baby Blue(1996)'입니다. 신지 사토의 수줍은 음색과 아름다운 멜로디가 이 곡을 잊을 수 없게 합니다. youtu.be/5RXib7hZGxI

Aztec Camera <Oblivious>

'아즈텍 카메라'라는 스테이지 네임으로 활동한 영국 싱어송라이터 로디 프레임의 <Oblivious(1983)>입니다. 뉴웨이브의 산뜻한 멜로디와 라틴 리듬의 영향이 느껴지는 어쿠스틱 기타 연주가 즐겁게 뒤섞였어요.

Janelle Monáe <Neon Valley Street>

자넬 모네의 완성도 높은 데뷔 앨범 《The ArchAndroid》 중에서 <Neon Valley Street(2010)>예요. 실키한 목소리와 둔중한 리듬 파트, 현악과 브라스가 적절히 교차하며 액체처럼 흘러갑니다.

Gil Scott-Heron <The Bottle>

질 스콧 헤런의 <The Bottle(1974)>입니다. 입으로 만들어내는 쫄깃한 리듬 위로 그의 음악 동료였던 브라이언 잭슨의 플루트 연주가 가볍게 그루브를 탑니다. 9분이 넘는 대곡이죠.

Bebel Gilberto <So Nice (Summer Samba)>

이런 음악이 있다면 땀이 좀 흐른대도 어떠랴 싶은, 베베우 지우베르투 버전의 <So Nice (Summer Samba)(2000)>입니다. 주앙 지우베르투의 딸이죠.

Chrisette Michele(ft. Ne-Yo) <What You Do>

크리셋 미셸 feat. 니요의 드라마틱한 곡 <What You Do(2009)>입니다. 숨막히게 더운 여름밤 차를 타고 어딘가로 달려가는 느낌이 들지요. 재지한 보컬과 착착 감기는 비트가 매력적이에요.

The Beach Boys <Don’t Worry Baby>

여름의 클래식, 비치 보이스로 가볼까요. <Don’t Worry Baby(1964)>입니다. 푸른 바다를 떠올리며 걱정을 밀어내 봅시다. 하긴 너무 덥고 지치면 걱정할 에너지도 안 생기더라고요.

Ernest Ranglin <You Won’t See Me>

비틀즈의 원곡을 자메이카 레게·스카 기타리스트 어니스트 랭글린이 커버한 <You Won’t See Me(1965)>입니다. 테크닉이 뛰어나지만 기교를 뽐내기보다 야자수 아래 웃으며 연주하는 인상의 곡이죠.

Robert & Johnny <Dream Girl>

두왑 듀오인 로버트 & 조니의 <Dream Girl(1959)>입니다. 지치는 계절에는 가끔씩 두왑의 낙천적인 사운드가 필요합니다. '둣, 둣, 두루'를 몇 번 따라 하면 금세 기분이 나아져요.

Leven Kali <Smile>

레이빈 칼리의 <Smile(2017)>입니다. 그야말로 캘리포니아의 햇살과 그루브가 느껴지는 여름 음악이에요. 쿨한 무드가 습기를 보송하게 날려주는 것 같습니다.

Damon Albarn <Lonely Press Play>

데이먼 알반의 솔로 앨범 《Everyday Robots(2014)》는 그의 밴드인 블러나 고릴라즈 음악과는 결이 좀 다른 내밀함을 담고 있어요. 차분한 비트가 매력적인 곡 <Lonely Press Play>입니다.

Bread & Butter <Summer Blue>

일본의 시티팝 듀오 브레드 & 버터의 <Summer Blue(1979)>입니다. 풍경이 느릿하게 움직이는 무더운 여름날을 조금 가볍게 만들어주는 노래지요.

Al Green <Let's Stay Together>

알 그린의 가장 잘 알려진 곡이고, 그런 만큼 많이 들었는데도 참 질리지 않는 곡이에요. <Let's Stay Together(1972)>입니다. 짧은 소설 같은 유튜브 댓글을 옮겨봅니다.

"1971년 잠시 헤어졌던 여자친구에게 이 음반을 사줬죠. 1972년에 우린 결혼했고, 세 아이와 다섯 손주가 있는 지금도 함께 행복합니다. 그녀는 여전히 너무도 아름답고 나는 정말로 그녀를 사랑해요. 가장 멋진 점은 이 곡을 듣는 동안 난 여전히 열일곱 살이라는 거죠."

"오늘 밤은 남편이 그립네요. 당신이 그곳에서 평안하길. 우리 결혼식에서 이 곡에 맞춰 춤췄던 걸 난 결코 못 잊을 거야."

Lô Borges <Clube da Esquina 2>

동그란 포르투갈어 발음 때문일까요, 그곳의 날씨와 정서 때문일까요. 힘을 빼고 나긋하게 부르는 브라질 음악이 귀에 감기는 날들입니다. 싱어송라이터 로 보르헤스의 <Clube da Esquina 2(1979)>.

Bernard Herrmann <Theme from Taxi Driver (Reprise)>

버나드 허먼이 맡은 영화 <택시 드라이버>의 OST는 쓸쓸함과 허무가 묻어나는 분위기지만 단 한 곡만은 꽤나 경쾌하답니다. <Theme from Taxi Driver (Reprise)(1976)>입니다.

Stevie Wonder <I'd Be a Fool Right Now>

스티비 원더의 <I'd Be a Fool Right Now(1968)>입니다. 전형적인 모타운 스타일의 밝은 사랑 노래이자 여름 해변의 BGM으로 어울릴 음악이에요.

a-ha <Take on Me>

언제 들어도 좋지만, 뜨거운 여름에 특히 잘 어울리는 곡이죠. 노르웨이 밴드 아-하의 <Take on Me(1985)>입니다. 어릴 적 처음 듣고 세상에 이렇게 좋은 노래가 다 있다니 싶어 잠이 안 왔던 기억이 있어요.

Gorillaz <On Melancholy Hill>

고릴라즈의 <On Melancholy Hill(2010)>입니다. '원하는 걸 다 손에 넣을 순 없지만 나를 가질 수는 있어, 그러니 바다로 떠나자'라고 노래하는 귀엽고 사랑스러운 곡이죠. 밤에 드라이브하면서 들으면 좋을 것 같아요.

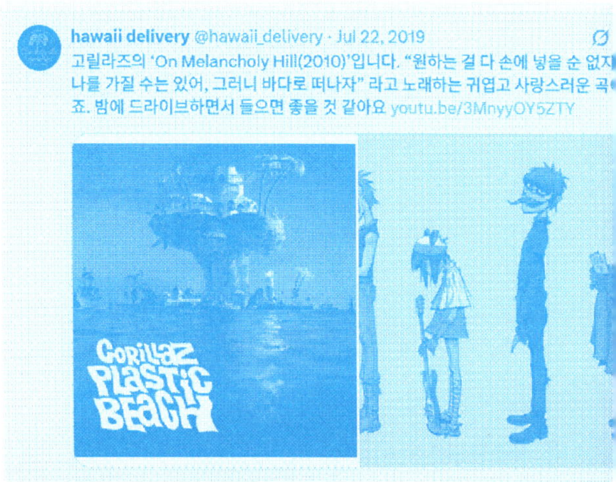

Remy Shand <Rocksteady>

한국의 여름, 장대비가 쏟아지는 날이면 모두가 수족관 안에 있는 것 같고 대낮조차 어둑하지요. 그런 날에는 인공 햇볕 같은 음악을 쬐는 게 필요합니다. 레미 쉔드의 <Rocksteady(2002)>가 바로 그런 곡이죠.

PREP <Snake Oil>

프렙의 <Snake Oil(2018)>입니다. 귀에 쏙 들어오는 멜로디를 트렌디하게 정돈해서 내놓는 솜씨가 좋죠. 듣자마자 리듬을 타면서 흥얼거리게 되는, 그런 종류의 곡입니다. 유튜브에서만 들을 수 있네요.

The Lagoons <California>

LA 출신 형제 듀오 더 라군스의 <California(2016)>입니다. 유튜브 클립에 "이상한 일이지만 캘리포니아에 관한 노래만 들으면 항상 기분이 좋아지는 것 같아"라는 댓글이 있는데 동감하게 되지요. 이 곡 역시 햇살과 바이브가 느껴지는 또 하나의 '캘리포니아 송'이고요.

Sean Nicholas Savage <Disco Dancing>

눅눅하고 묵직한 여름날의 습기가 남아 있다면 음악으로 걷어내 볼까요. 션 니콜라스 새비지의 <Disco Dancing(2010)>입니다. 캐나다 출신인 이 청년의 노래는 음역대 때문인지 어쩐지 모리세이를 떠올리게 해요.

Nujabes <Aruarian Dance>

힙합 비트 위에 얹힌 가장 서정적인 멜로디 아닐까요. 누자베스의 <Aruarian Dance(2004)>입니다. 애니메이션 <사무라이 참프루> OST로 쓰였죠.

Beach Fossils <This Year>

브루클린 출신 밴드 비치 파슬스의 <This Year(2017)>입니다. 너무 뜨거운 계절, 해변의 에너지를 얻어 온다면 이런 노래로부터일 것 같아요. 명랑하고 또 말랑하죠.

竹内まりや <Plastic Love>

여름의 풍성한 구름을 보세요. 그리고 이 노래의 시작 부분을 들으면 순식간에 차원 이동을 하는 것 같답니다. 근사한 여름날에 어울리는 곡, 다케우치 마리야의 <Plastic Love(1984)>입니다.

Sarah Vaughan(ft. Clifford Brown) <It's Crazy>

사라 본과 클리포드 브라운이 함께한 <It's Crazy(1954)>입니다. 두 거장 뮤지션이 가진 역량의 절반도 안 쓰는 듯 편안히 호흡을 주고받는 소품 같은 곡이죠. 들을 때마다 기분이 좋아져요.

Mac DeMarco <Let My Baby Stay>

맥 드마르코의 <Let My Baby Stay(2014)>입니다. 기타와 목소리만으로 느긋하고 참 사랑스러워요. 제목도 그렇죠.

Classixx <All You're Waiting For>

LA 기반 일렉트로닉 듀오 클래식스의 <All You're Waiting For(2013)>입니다. 가볍고 깔끔한 비트 위에 얹힌 낸시 황의 불친절한 보컬이 잘 어울리죠.

Donald Byrd <You and the Music>

도널드 버드의 《Places and Spaces(1975)》 앨범은 어떤 곡을 하와이 딜리버리에 소개해도 어울릴 것 같아요. 듣고 있으면 기분 좋은 바람이 몸을 감싸는 듯한 <You and the Music>입니다.

Celso Fonseca <Slow Motion Bossa Nova>

나무 그늘 아래 앉아 가만히 더위를 식힐 때 부드러운 바람이 불어오면 이런 느낌 아닐까요. 셀수 폰세카의 나직한 음성으로 듣는 <Slow Motion Bossa Nova>, 2002년 음반에 실린 버전입니다.

Ella Fitzgerald <Wait till You See Him>

버브 레코드의 클래식 재즈들을 새롭게 내놓은 《Verve Remixed》 시리즈 중 엘라 피츠제럴드의 <Wait till You See Him(2002)>입니다. 비 오는 밤에 잘 어울릴 곡이에요.

Pizzicato Five <Drinking Wine (テーブルにひとびんのワイン)>

'신께서 나에게 속삭이며 지금 딴 와인이 맛있냐고 묻는다면, 한잔하지 않겠냐고 기꺼이 권하겠어' 인생 마지막 날을 상상하며 노래하는, 피치카토 파이브의 <Drinking Wine (テーブルにひとびんのワイン)(1998)>입니다. 영어와 일본어로 불렀는데 스포티파이에는 일본어 버전이 올라와 있네요.

TV Girl <Hate Yourself>

샌디에이고 출신의 인디팝 밴드 TV 걸의 곡 <Hate Yourself(2014)>입니다. 60년대 프렌치 팝에서 멜랑콜리를 빼고 캘리포니아 햇살을 더한 것 같아요.

Jamiroquai <Little L>

탄탄한 연주와 프런트맨 제이케이의 매력이 합쳐져 세계적인 사랑을 받았던 자미로콰이의 <Little L(2001)>입니다. 지금 들으면 비슷비슷하게 들리지만, 당시로선 이전 앨범에 비해 혁신적인 변화로 느껴졌죠.

Michael Jackson <I Wanna Be Where You Are>

열네 살의 마이클 잭슨이 부르는 <I Wanna Be Where You Are(1972)>입니다. 팽팽히 당긴 현 같기도 하고 갓 짜낸 라임즙 같기도 한 어린 마이클의 목소리. 찌르듯 올라가는 후반부는 가히 충격적입니다.

George Benson <Breezin'>

조지 벤슨의 <Breezin'(1976)>입니다. 가끔 음악은 결국 날씨의 산물이 아닐까, 생각할 때가 있어요. 이 곡은 좋은 바람이 만들어낸 것 같습니다.

Seu Jorge <Life on Mars>

브라질의 뮤지션 세우 조르지는 웨스 앤더슨의 영화 <스티브 지소와의 해저 생활>에 출연해서 데이비드 보위의 곡들을 여럿 커버했죠. 저음의 포르투갈어로 부르는 <Life on Mars(2005)>입니다.

Jensen Sportag <Jareaux>

내슈빌 출신 일렉트로닉 듀오 젠슨 스포탁의 <Jareaux(2011)>입니다. 듀란듀란이나 왬!의 미발표곡이라고 해도 믿으며 듣게 될 것 같은 분위기죠. 산뜻한 멜로디에는 심리적 제습 효과가 있답니다. 유튜브에서만 들을 수 있습니다.

Novos Baianos <Acabou Chorare>

브라질 음악으로 자꾸만 손이 가는 요즘, 노부스 바이아누스의 <Acabou Chorare(1972)>를 골랐습니다. 뜨거운 지역이기에 오히려 달아오르기보다는 고요해지는 정서가 담긴 듯한 이 곡은 영어로 'No More Crying'의 뜻이라고 해요.

롤러코스터 <너에게 보내는 노래>

세 멤버의 재능과 시기가 절묘하게 만나 대단한 시너지를 만들어내던 때가 있었지요. 롤러코스터 2집 중 <너에게 보내는 노래(2000)>입니다. 시간이 지나도 전혀 바래지 않는 곡이에요.

Bahamas <Show Me Naomi>

캐나다의 기타리스트이자 싱어인 바하마스의 경쾌한 곡 <Show Me Naomi(2018)>입니다. 레몬즙처럼 톡톡 터지는 기타 소리에 시작부터 기분이 좋죠.

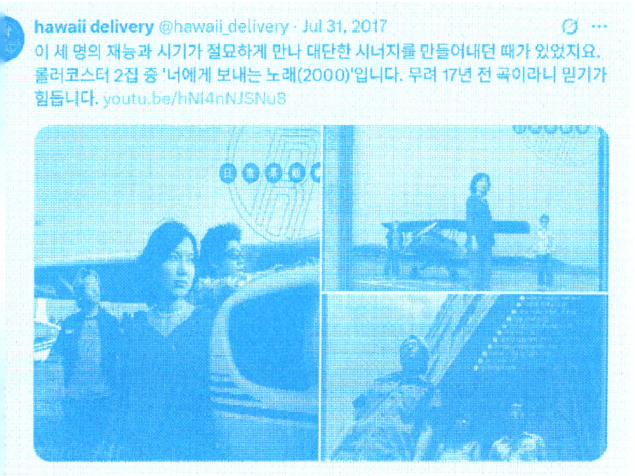

hawaii delivery @hawaii_delivery · Jul 31, 2017
이 세 명의 재능과 시기가 절묘하게 만나 대단한 시너지를 만들어내던 때가 있었지요.
롤러코스터 2집 중 '너에게 보내는 노래(2000)'입니다. 무려 17년 전 곡이라니 믿기가
힘듭니다. youtu.be/hNI4nNJSNu8

Tim Maia <Let’s Have a Ball Tonight>
브라질 소울 뮤지션 칭 마이아의 <Let’s Have a Ball Tonight(1978)>입니다. 가끔은 이렇게 영어로 노래를 불렀어요. 세상을 떠난 지 삼십 년 가까이 되었지만 음악은 오늘 밤에도 어울리네요.

Paul Desmond <Samba with Some Barbeque>
색소포니스트 폴 데스몬드의 <Samba with Some Barbeque(1969)>는 그야말로 여름날의 재즈입니다. 앨범 커버의 길게 매달린 고드름 이미지와 《Summertime》이라는 타이틀의 충돌이 재미있죠.

Lonnie Liston Smith & The Cosmic Echoes <Summer Nights>
조금 눅눅하고 노을이 짙은 여름밤 같은 곡입니다. 종종 서울이 그러는 만큼 습하지는 않을 테고요. 재즈 키보디스트 로니 리스턴 스미스와 더 코스믹 에코스의 <Summer Nights(1975)>예요. 이 곡의 차분한 고양감을 좋아합니다.

Bobby Caldwell & Jack Splash <Break Away>

쿨 엉클. 바비 콜드웰 정도면 이렇게 불릴 자격이 충분하겠죠. 그가 프로듀서 잭 스플래시와의 프로젝트 팀으로 내놓은 앨범 《Cool Uncle(2015)》 가운데 <Break Away>입니다. 곡의 분위기를 전환하는 여성 보컬은 제시 웨어의 목소리예요.

Bossa Rio <Spinning Wheel>

보사 리오의 <Spinning Wheel(1970)>은 블러드 스웨트 & 티어스의 원곡을 브라질풍으로 편곡해서 리메이크한 버전입니다. 가볍게 출발했다가, 독특한 박자에 몰입하다 보면 조금씩 텐션이 올라가요. 스포티파이에는 라이브 버전만 있네요.

Al B. Sure! <Nite and Day>

알 비 슈어!의 데뷔 앨범에 수록된 <Nite and Day(1988)>입니다. 드럼 소리가 참 그 시절 같습니다. 단순하고 부드러우면서도 힘찬 노래예요.

Celso Fonseca <I Talk to the Wind>

오늘처럼 더운 날에는 사방이 물속에 잠긴 듯 고요하게 느껴지죠. 음악으로 바람을 만들어봅니다. 셀수 폰세카의 <I Talk to the Wind(2006)>. 킹 크림슨의 원곡보다 한결 온화한 버전입니다. 유튜브에서만 들을 수 있어요.

Biel Ballester Trio <Your Shining Eyes>

박력 있는 연주를 들려주는 비엘 바예스테르 트리오의 <Your Shining Eyes(2008)>입니다. 스페인 출신의 집시 재즈 밴드죠. 한국에서는 생뚱맞게도 <내 남자의 아내도 좋아>라는 제목으로 개봉했던 영화 <비키 크리스티나 바르셀로나> 사운드트랙으로 쓰였습니다.

Horsebeach <My Hearts Longs for You, Pizza>

맨체스터 출신 밴드 호스비치의 귀엽고 달콤한 소품 <My Hearts Longs for You, Pizza(2017)>입니다. 밤바다에서 파도 소리를 배경으로 들으면 잘 어울릴 것 같아요.

Tom Misch(ft. Loyle Carner) <Crazy Dream>

톰 미쉬의 <Crazy Dream(2016)>입니다. 개성 있고 매력적인 래퍼 로일 카너가 피처링했어요. 둘 다 런던에서 활동하고 나이도 비슷한데, 좋은 시너지가 생기네요. 톰 미쉬의 곡답게 사운드가 깔끔합니다.

El Kanka <Canela en Rama>

말라가 출신 싱어송라이터 엘 칸카가 부르는 <Canela en Rama(2013)>입니다. 소박하고 흥겨운 스패니시 기타 연주가 안달루시아 어느 해변 도시의 광장으로 데려가는 것 같네요. 노래 제목은 스페인어로 '시나몬 스틱'이라는 뜻이라고 합니다.

山下達郎 <Jody>

야마시타 타츠로를 또 찾게 되네요. 여름의 명반 《Big Wave(1984)》 중에서 <Jody>입니다. 눈부시게 부서지는 파도처럼 깨끗하고 청량한 그의 고음이 듣기만 해도 시원합니다. 유튜브에서만 들을 수 있습니다.

DJ 소울스케이프 <Summer 2002>

DJ 소울스케이프의 <Summer 2002(2000)>입니다. 땀을 뚝뚝 흘리며 이 곡을 듣던 2000년대 초반의 여름이 떠오릅니다. 어쩌면 기억 속에서 지난 시대를 또렷이 구분 짓는 건 음악일지도 몰라요.

hawaii delivery @hawaii_delivery · Aug 5, 2018
야마시타 타츠로를 또 올리게 되네요. 여름의 명반 <Big Wave(1984)> 중에서
'Jody'입니다. 눈부시게 부서지는 파도처럼 깨끗하고 청량한 그의 고음이 듣기만 해
시원합니다 youtu.be/0J-SNMOcB5M
Big Wave

Mild High Club <Skiptracing>

마일드 하이 클럽의 <Skiptracing(2016)>입니다. 음악도 뮤직비디오도, 오랜 시간이 흘러 좋은 부분만 멋대로 기억하고 있는 지난 일 같아요.

Earth, Wind & Fire <Beijo (Interlude)>

단순한 반복 속에서도 어스 윈드 & 파이어만의 그루브가 꽉 차게 넘실댑니다. 이 곡을 듣고 나면 한동안은 이 멜로디가 계속 몸 안에서 울리는 것 같아요. <Brazilian Rhyme>이라고 불리기도 하는 <Beijo (Interlude)(1977)>입니다.

Gibbz <Stay for a While>

좋은 의미에서 몸에 힘을 쭉 빼놓는 부류의 음악입니다. 어린 시절 여러 편의 공포영화에 출연한 배우이자 오디오 엔지니어이기도 하다는 뮤지션 깁즈, 마이크 깁니의 <Stay for a While(2016)>. 내내 탁구공 또각대는 소리가 깔리면서 재미난 리듬감을 만들어요.

Belle and Sebastian <Ease Your Feet in the Sea>

바닷물에 몸을 담그고 싶은 날들이 있죠. 벨 앤 세바스찬의 <Ease Your Feet in the Sea(1998)>를 들으면 발목쯤에 물결이 찰랑대는 느낌이 듭니다.

Roberta Flack <Feel Like Makin' Love>

하와이 딜리버리에 세 번째 올리는 곡입니다. 디안젤로와 말레나 쇼 버전을 올렸었죠. 이번엔 원곡이에요. 로버타 플랙의 <Feel Like Makin' Love(1974)>. 모든 것이 녹아내리는 듯 부드러운 곡입니다.

Rhye <The Fall>

더위가 한풀 꺾이고 부드러운 바람이 불 때면 이 노래가 생각납니다. 라이의 <The Fall(2013)>. 은근한 피아노 소리가 마치 바람이 일어나는 것 같지요.

Arto Lindsay <Child Prodigy>

아르투 린제이를 처음 들었을 때, 카에타누 벨로주와 톰 요크 사이의 음악 같았어요. 브라질에서 성장하고 뉴욕에서 활동한 이 기타리스트는 앰비언트와 보사노바가 섞인 음악을 들려줍니다. <Child Prodigy(1996)>의 퍼커션에 귀를 기울이다 보면 걱정도 더위도 조금은 잊게 돼요.

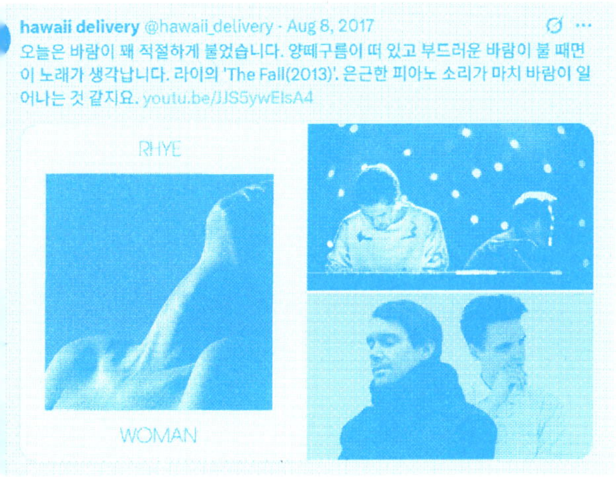

The Libertines <Music When the Lights Go Out>

어떤 노래들은 영원히 나이를 먹지 않는 것 같습니다. 리버틴스의 <Music When the Lights Go Out(2004)>처럼 말이죠. 난봉꾼 같은 록밴드지만 이 곡만큼은 어여쁘게 멜랑콜리해요.

Boyz II Men <Thank You>

가볍고 맑은 곡들을 듣다가 가끔 이렇게 다크 초콜릿처럼 진득한 곡을 들으면 또다른 쾌감이 있죠. 보이즈 투 멘의 <Thank You(1995)>입니다. 첫 음부터 끝까지 꽉 짜여진 그루브와 밀도 높은 화음이 굉장해요.

Boz Scaggs <Jojo>

싱어송라이터이자 기타리스트인 보즈 스캐그스의 <Jojo(1980)>입니다. 1980년대 도시의 밤에 어울리는, 그야말로 어른들의 음악이죠. 능란하지만 뻔하지는 않아요.

Terry Hall <I Saw the Light>

누군가에게 특별한 감정을 느끼는 순간에 대한 노래입니다. 토드 런드그렌의 원곡을 테리 홀이 커버했어요. 상대의 눈동자 속에서 빛을 발견하는 순간. <I Saw the Light(1997)>입니다.

BROCKHAMPTON <Summer>

다양한 정체성이 혼재된 보이 밴드 브록햄튼의 <Summer(2016)>입니다. 여름의 열기 속에 만난 소년에 대한 노래예요. 여름만큼 다양한 감정들을 부글부글 피워내는 계절도 없겠죠.

Amy Winehouse <Valerie>

떠올리면 안타까운 마음이 먼저 드는 뮤지션이지만, 이 노래를 들을 때면 밝은 면을 떠올리게 됩니다. 빛나던 재능과 장난기, 제멋대로의 매력 같은 것들 말이죠. 에이미 와인하우스의 <Valerie(2011)>. 스포티파이에는 구성이 심플한 BBC 라디오 라이브 버전만 있네요.

Todd Rundgren <It Wouldn't Make Any Difference>

토드 런드그렌의 <It Wouldn't Make Any Difference(1972)>입니다. 프로그레시브 록밴드 유토피아의 멤버였던 뮤지션이지만 이 곡의 연주는 어디로도 달려야겠다는 야심 없이 편안하게 흘러가요.

Stevie Wonder & Dionne Warwick <It's You>

스티비 원더와 디온 워윅이 함께 부른 <It's You(1984)>입니다. 영화 <우먼 인 레드> 사운드트랙 수록곡인데, 이 앨범엔 그 유명한 <I Just Called to Say I Love You>도 있었죠. 영화는 지금 보기엔 정말 별로지만, 음악은 여전히 근사합니다.

HAIM <Summer Girl>

LA 자매들 하임의 <Summer Girl(2019)>입니다. 루 리드의 <Walk on the Wild Side>의 영향이 확연하게 느껴지죠. 간결한 베이스와 부드러운 색소폰 음색, 흥얼거리는 목소리가 훌륭한 밸런스를 이룹니다.

Delegation <Oh Honey>

8월 중순에는 노을이 참 좋지요. 흐린 날이라도 영국의 소울 그룹 델리게이션의 <Oh Honey(1977)>를 들으면 눈앞에 노을이 펼쳐져 있는 것 같습니다. 차분하면서도 끝까지 지루해지지 않는 리듬감이 좋아요.

America <Tin Man>

영국에서 활동한 밴드 아메리카의 <Tin Man(1974)>입니다. 오즈의 마법사 속 양철나무꾼에 대한 노래예요. 느끼하지 않은 화음과 적절한 상쾌함을 더해주는 피아노 선율이 이즈음 저녁 공기 같죠.

Madonna <Express Yourself>

다시 들어도 경쾌함이 빛바래지 않는, 마돈나의 <Express Yourself(1989)>입니다. 데이비드 핀처가 감독한, 뜬금없는 대작 뮤직비디오는 지금 보면 좀 실소가 나오지만 마돈나의 카리스마만은 여전히 쿨해요.

Bruno Major <Like Someone in Love>

영국의 싱어송라이터 브루노 메이저가 리메이크한 재즈 고전 <Like Someone in Love(2017)>입니다. 적절하고 신선한 편곡, 최소한의 악기로 절제된 그루브를 만들어냅니다.

Nina Simone <Just in Time>

영화 <비포 선셋>의 잊을 수 없는 마지막 장면에 이 노래가 흐릅니다. 셀린느가 입을 삐죽이며 니나 시몬을 흉내 내는 장면은 정말이지 비행기를 놓칠 만큼 사랑스러웠지요. <Just in Time(1962)>은 꼭 이 버전, 몽트뢰 재즈 페스티벌 라이브로 들으셔야 해요.

015B(ft. 성지훈) <그대의 향기>

015B 2집 중에서 지금도 가끔씩 듣는 곡입니다. 거의 알려지지 않은 트랙인데 저는 당시에도 이 곡을 특히 좋아했어요. 성지훈이 부른 <그대의 향기(1991)>입니다. 도입부 가사처럼 햇빛 쏟아지는 날 들으면 좋죠.

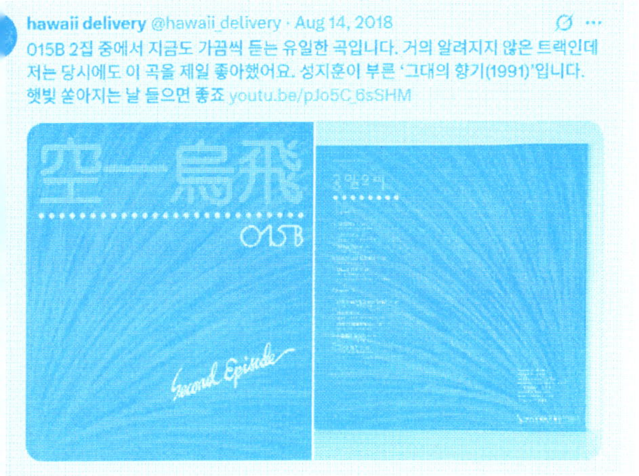

hawaii delivery @hawaii_delivery · Aug 14, 2018
015B 2집 중에서 지금도 가끔씩 듣는 유일한 곡입니다. 거의 알려지지 않은 트랙인데 저는 당시에도 이 곡을 제일 좋아했어요. 성지훈이 부른 '그대의 향기(1991)'입니다. 햇빛 쏟아지는 날 들으면 좋죠 youtu.be/pJo5C_6sSHM
空一鳥飛
015B
Second Episode

Chet Baker <But Not for Me>

쳇 베이커가 노래하고 트럼펫을 연주한 <But Not for Me(1954)>입니다. 조금은 사각대는 소재의 여름 이불 같은 곡이죠. 음악의 온기를 한 겹 두르고 싶을 때 이 곡을 찾습니다.

Kali Uchis <Feel Like a Fool>

콜럼비아계 미국 뮤지션 칼리 우치스는 요즘 왕성한 음악적 성과를 내어놓고 있지요. 크게 호평받았던 첫 정규 앨범 중에서 <Feel Like a Fool(2018)>입니다. 에이미 와인하우스가 연상되는 멋진 곡입니다.

Stéphane Grappelli & Yo-Yo Ma <I Concentrate on You>

재즈 바이올리니스트 스테판 그라펠리와 첼리스트 요요 마가 함께 연주한 콜 포터의 재즈 스탠더드 <I Concentrate on You(1989)>입니다. 꽤나 다른 스타일의 두 연주자가 친숙한 곡을 연주하며 묘한 합을 이루어내지요.

Luis Miguel <La Barca>

루이스 미겔이 부르는 <La Barca(1991)>입니다. 이 곡을 들으면 푸르고 잔잔한 바다 위로 바람을 가득 담아 팽팽히 부풀어 오른 돛이 떠오릅니다. 확고한 목적지는 없을 것 같고요.

ラジ & 南佳孝 <The Tokyo Taste>

1970년대의 도쿄 테이스트란 어떤 것일까요. 이 노래를 들으면 왠지 알 것도 같습니다. 라지 & 요시타카 미나미의 듀엣곡 <The Tokyo Taste(1977)>입니다. 참 세련된 시티팝이에요.

Wes Montgomery <Polka Dots and Moonbeams>

재즈 기타리스트 웨스 몽고메리의 <Polka Dots and Moonbeams(1977)>입니다. 프랭크 시나트라가 부르기도 했고 다양하게 변주된 스탠더드 넘버예요. 빈티지한 느낌의 기타 소리가 달빛이 예쁜 밤에 부드럽게 잘 어울리죠.

Mac Ayres <Slow Down>

늦은 밤 드라이브에 잘 어울리는 맥 에어스의 <Slow Down(2017)>입니다. 느릿한 리듬과 그의 팔세토 보컬이 출퇴근의 호흡과는 참 멀게 느껴지죠. 그래서 더더욱 휴일 같은 음악인지도 모르겠어요.

Danilla <Berdistraksi>

아무 정보 없이 들어서는 어떤 언어인지 어느 나라 뮤지션인지 전혀 짐작이 가지 않으면서도 귀 기울이게 되죠. 편안하고 포근한 목소리가 늦여름의 미풍 같아요. 이전에도 소개한 적 있는 인도네시아 가수 다닐라 리야디의 <Berdistraksi(2014)>입니다.

권성연 <한여름 밤의 꿈>

1990년 강변가요제 대상을 수상한 권성연의 <한여름 밤의 꿈>은 무척 유려하고 세련된 곡이어서 많은 사람들에게 깊은 인상을 심어주었습니다. 1집 앨범으로 나왔지만 후속작이 없어서 아쉬워요. 오랜 시간이 지났는데도 여름밤이면 가끔씩 생각납니다.

Sondre Lerche & Regina Spektor <Hell No>

<댄 인 러브(2008)>는 음악으로 기억되는 영화 중 하나입니다. 손드르 레르케가 만든 OST 가운데 레지나 스펙터와 함께 부른 이 곡은 두 뮤지션의 음색이 의외의 조화를 만들어냅니다. 노르웨이와 러시아의 만남이네요.

Alice Smith <Another Love>

경쾌하고 미니멀한 앨리스 스미스의 <Another Love(2014)> 입니다. 긴장이 느껴지는 음 진행이나 끝까지 절제된 톤이 세련되었어요. 프린스가 커버한 버전은 또 전혀 다른 느낌입니다.

Gregory Porter <Take Me to the Alley>

든든함, 신뢰, 안정감 같은 것들을 목소리로 만든다면 그레고리 포터의 목소리와 비슷해지지 않을까요. 어쩐지 긴장이 가시지 않을 때면 이 곡을 들어보세요. <Take Me to the Alley(2016)>

Tom Misch(ft. Poppy Ajudha) <Disco Yes>

톰 미쉬 feat. 포피 아주다의 <Disco Yes(2018)>입니다. 1.2배속으로 돌린 듯 가볍고 경쾌한 디스코 리듬. 인스타그램 시대의 디스코 같달까요.

The Beach Boys <Woudn’t It Be Nice>

여름이 다 가기 전에 비치 보이스의 <Woudn’t It Be Nice(1966)>를 들으면 좋겠지요. ‘잘 자라는 인사 후에 함께 머물 수 있다면, 새날이 밝는 아침에 함께 눈뜬다면 좋지 않겠어요?’

Ripe <Ladies Night>

보스턴 출신 밴드 라입의 <Ladies Night(2018)>입니다. 허스키한 보컬, 훵키한 기타와 혼 섹션 연주가 요즘의 밤바람처럼 사람을 들뜨게 해요.

Rubén González <Melodía del Rio>

도입부가 아주 힘차고 멋있는 곡이지요. 쿠바의 피아노 거장 루벤 곤살레스의 <Melodía del Rio(1997)>입니다. 이 곡을 녹음할 때 그는 일흔일곱이었죠.

Boz Scaggs <Lowdown>

보즈 스캐그스의 <Lowdown(1976)>입니다. 일정한 속도로 덜컹대는 기차처럼 흐르던 곡이 간주 파트에 이르면 창밖으로 눈부신 바다 풍경을 보여주는 듯 확 달라져요.

The Sandals <Theme from "The Endless Summer">

더 샌들스의 <Theme from "The Endless Summer"(1966)>입니다. 완벽한 파도를 찾아 세계의 바다 도시들을 떠도는 서퍼들을 다룬 다큐멘터리 영화 <The Endless Summer>의 주제곡이에요. 잘 그을린 해변의 젊은이들이 떠오르는 음악이죠.

The Stylistics <Can't Give You Anything (But My Love)>
더 스타일리스틱스의 인상적인 곡 <Can't Give You Anything (But My Love)(1975)>입니다. 우리나라에선 기무라 타쿠야가 이 곡에 맞춰 춤추던 갸스비 왁스 광고로 더 잘 알려졌지요.

Max Pope <All That I Need>
맥스 포프가 스무 살에 만든 노래 <All That I Need(2015)>입니다. 영국 브라이튼 출신이라고 하는데, 이 노래의 코러스를 듣고 있노라면 아무래도 바닷가의 성분이 느껴지죠.

Musiq Soulchild <Yes>
뮤지크 소울차일드의 <Yes(2011)>입니다. R&B와 힙합을 포함해 수많은 장르를 섞어 뮤지크의 장르로 만들어버리는 뮤지션이죠. 자신은 변치 않을 거라고, 몇 년이 지나도 '대답은 예스'라고 말하는 노래입니다.

The Main Ingredient <Everybody Plays the Fool>

더 메인 인그리디언트의 <Everybody Plays the Fool(1972)>은 드라마틱함이 찰랑대지만 넘치지는 않는 노래입니다. 배우 쿠바 구딩 주니어의 아버지인 쿠바 구딩(시니어)이 멤버이기도 했던 팀이죠.

The Beach Boys <The Surfer Moon>

라디오에서 "더 이상의 큰 더위는 없을 것으로 보입니다"라는 말을 들었습니다. 비치 보이스의 어떤 노래들은 여름의 한중간이 아니라 여름이 가는 무렵 같지요. 이 노래가 그렇습니다. <The Surfer Moon(1963)>

The Internet <Under Control>

LA 베이스의 밴드인 디 인터넷의 <Under Control(2015)>입니다. 메인 보컬 시드의 건조한 목소리와 독특한 매력이 밴드의 개성을 더욱 확연하게 합니다.

Gym and Swim <Yuuwahuu>

태국의 인디 밴드 짐 앤 스윔의 <Yuuwahuu(2015)>입니다. 추구하는 음악을 'Tropical inspired POP'이라고 이름 붙였다는데 들어보면 과연 그렇답니다.

Triathlon <Hawaiian Boi>

눈을 감고 이 노래를 한번 재생해보면 복잡했던 하루를 잊을 수 있을 거예요. 밴드 트라이애슬런의 <Hawaiian Boi(2014)>입니다. 기타와 베이스 뒤를 따라다니는 우쿨렐레 사운드가 귀여워요. 폭우 가운데 수영하고 있는 앨범 커버에서는 웃음소리가 묻어나죠.

빛과 소금 <샴푸의 요정>

가끔 이 노래는 완벽하지 않은가, 하는 생각을 합니다. 잊을 수 없는 제목부터, 처음 등장한 시기며(서울올림픽이 열렸던 1988년), 장기호의 툭툭 던지는 듯한 가성까지. 오랜만에 들어도 여전히, 완벽합니다.

Chet Baker <It's Always You>

어디를 보아도 그 사람이 보이고, 무엇을 느껴도 다 그 사람 같을 때가 있죠. 쳇 베이커가 부르는 <It's Always You(1956)>입니다. 바람결이 부드럽고 노을이 좋은 날 잘 어울려요.

Van Morrison <Moondance>

여름이 끝나갈 무렵 올려다보는 달은 왠지 더 아름답습니다. 뜨거웠던 추억들이 담긴 듯 보이기 때문일까요. 밴 모리슨의 <Moondance(1970)>입니다.

Tuxedo <Do It>

다재다능한 뮤지션 메이어 호손과 프로듀서 제이크 원의 프로젝트 팀인 턱시도의 <Do It(2015)>입니다. 뮤직비디오에 주차요원으로 나오는 분의 춤 실력에 깜짝 놀라게 되지요. 레트로 사운드와 춤추기 좋은 비트가 둘의 호흡처럼 잘 어울립니다.

Christopher Cross <Arthur’s Theme>

크리스토퍼 크로스의 <Arthur’s Theme(1981)>입니다. ‘달과 뉴욕 사이에 붙잡혔을 때 당신이 할 수 있는 최선은 사랑에 빠지는 것’이라는 가사는 최고로 로맨틱한 노랫말에 꼽힐 것 같아요.

Quadron <Sea Salt>

프로듀서 로빈 한니발과 보컬 코코 오의 일렉트로닉 소울 듀오, 쿼드론의 <Sea Salt(2013)>입니다. 덴마크 출신으로 LA에서 활동하는 이들의 두 번째 앨범에 실린 곡이에요. 참 달콤한 ‘씨 솔트’입니다.

Gold Celeste <Grand New Spin>

노르웨이 사이크 팝 밴드 골드 셀레스트의 <Grand New Spin(2015)>입니다. 프로필에 자신들을 이렇게 소개하고 있네요. “상쾌한 기타, 민첩한 드럼, 뛰노는 베이스, 열정적인 건반, 그리고 진지하고 서정적인 보컬.” 전부 해당되는 건 아니지만 끄덕이게 되는 곡이에요.

Roberta Flack & Donny Hathaway <Where Is the Love?>

로버타 플랙과 도니 해서웨이는 많은 노래를 함께 불렀지요. 그중 <Where Is the Love?(1972)>입니다. 시원하면서도 부드러운 두 목소리가 더할 나위 없이 조화롭습니다.

Simply Red <Angel>

아레사 프랭클린의 1973년 버전을 리메이크한 심플리 레드의 <Angel(1996)>입니다. 푸지스가 피처링했는데 와이클리프 장의 랩이 아주 적절한 향신료 같아요.

Thundercat <Them Changes>

썬더캣의 <Them Changes(2017)>입니다. 이 앨범은 통째로 어느 미래에서 날아온 선물 같아요. 그중 비교적 편안하게 들을 수 있는 곡입니다.

Charlie Haden & Pat Metheny <The Moon Song>

찰리 헤이든 & 팻 메스니의 오래도록 사랑받는 앨범 《Beyond the Missouri Sky(1997)》 중 <The Moon Song>이에요. 마음의 지평이 고요하게 넓어지는 느낌이 듭니다.

Carl Carlton <Everlasting Love>

재즈 터치의 제이미 컬럼이나 밴드 버전 U2 곡으로도 사랑받았죠. 보컬과 코러스가 무대 위에서 스포트라이트를 받는 칼 칼튼의 <Everlasting Love(1974)>로 시간을 조금 거슬러 가봅니다.

Mocky <Soulful Beat>

파이스트, 칠리 곤잘레스 같은 뮤지션들과 같이 작업해 온 캐나다의 프로듀서이자 작곡가, 모키의 산뜻한 재즈 훵크 <Soulful Beat(2015)>입니다. 곡에 뚜렷한 인상을 더하는 플루트를 비롯해 베이스, 드럼, 기타, 키보드 등의 악기를 직접 다루는 멀티플레이어라고 하네요.

Karen O <The Moon Song>

어제와 같은 제목의 다른 노래를 골라봤어요. 영화 <Her(2014)> 사운드트랙 가운데서 캐런 오의 <The Moon Song>입니다. 스파이크 존즈 감독과 함께 만든 노래라고 하는데, 영화 속에선 스칼렛 요한슨이 연기한 AI 목소리가 부르기도 했지요.

Elton John <Bennie and the Jets>

엘튼 존의 《Goodbye Yellow Brick Road(1973)》 앨범을 처음 들었을 때 느낀 충격이 아직도 생생합니다. 그중에서도 놀라운 곡이었던 <Bennie and the Jets>입니다.

Sergio Mendes & Brasil '66 <The Fool on the Hill>

브라질의 훈풍을 입은 비틀즈입니다. 세르지우 멘지스와 브라질 '66의 <The Fool on the Hill(1968)>은 레논-매카트니의 원작을 살랑거리는 해변풍으로, 그러나 탄탄한 구조와 연주로 새로이 재탄생시켰죠. 흥미로운 버전입니다.

Pictured Resort <Away to Paradise>

8월의 마지막 날이네요. 여름의 끝자락에 여름 음악을 들으며, 이 계절이 가진 미덕들을 헤아려봅니다. 일본 밴드 픽처드 리조트의 <Away to Paradise(2016)>입니다.

산울림 <아마 늦은 여름이었을 거야>

그리고 이 노래를 잊지 않고 들어야죠. 산울림의 <아마 늦은 여름이었을 거야(1977)>. 집중해서 들을수록 더 놀라게 되는 곡이죠. 6분 20초 동안 한순간도 뻔하지가 않습니다. 거의 반세기 전의 곡인데 말이에요.

가을

하나 가을이 되니 리스트에 바람이 꽤나 불기 시작합니다.

선우 이 계절을 위해 고른 노래들을 들어보면 곡의 질감 자체가 좀 달라지고 사운드에서도 공간감이 느껴지는 것들이 많아요. 온도가 훅 떨어지면서 몸으로 느끼는 물리적인 감각이 감정과도 확실히 연결되는 것 같아요.

하나 그러다 보니 톡톡한 질감의 음악적 외투 같은 것을 찾아 두르게 되고요. 정서적으로도 조금 쓸쓸하거나 외로운 느낌을 표현하는 음악, 그럴 때 온기를 주는 음악을 원하게 되는 듯하네요.

선우 마이클 프랭스 같은 뮤지션은 가을에 들어서면서 우리 리스트에 부쩍 자주 등장하더군요. 여름에는 즉각적으로 산뜻함을 느끼게 하는 보사노바, 삼바라면 기온이 떨어지면서 본격적인 재즈 선곡, 특히 낭만적 무드의 곡들이 많아지는 것도 특징이에요. 재즈를 듣기에도 가을, 겨울의 동절기가 확실히 어울리는 건 왜일까요?

하나 가을의 재즈와 겨울의 재즈는 또 다르더라고요. 가을에는 우수가 어려 있거나 사색적인 곡이 어울리는 느낌이라면 겨울이 되면 시럽처럼 응축된 온기가 든, 훨씬 더 따뜻하고 달콤한 곡들을 많이 찾는 것 같습니다.

선우 낮 노래 / 밤 노래가 구분되는 것처럼 보컬의 목소리도 봄여름 보컬 / 가을겨울 보컬이 있는 것도 같아요. 가을에 접어들면서 바이브레이션을 많이 쓰고 굵직하거나 기교가 화려한 목소리에 더 관대해진다고 할까요. 봄여름에는 확실히 청량한 쪽이 좋고요.

하나 여름 곡들은 맥주를 찾게 한다면 가을 곡들은 레드와인과 어울리고요. 사계절을 하루라 치면 가을은 해가 저문 후 저녁 시간이겠죠. 아까 저는 확실히 기타 소리를 좋아하는 편이라고 했는데 기타 소리의 톤도 계절에 어울리는 게 나뉘는 듯해요. 여름에는 더 명료하고 가벼운 기타 소리가 자주 등장하고 가을의 기타는 조금씩 더 부드럽고 끈적해지는 것 같아요. 조지 벤슨의 〈Breezin'〉과 배리 매닐로 & 멜 토메의 〈Big City Blues〉 인트로 기타 소리를 비교해보면 차이가 느껴지지 않나요?

선우 여름 기타는 달려 나갔는데 가을 기타는 발걸음을 질질 끌고 오래 머뭇거리는 것 같네요.

하나 플레이리스트를 사 년 넘게 운영하다 보니, 서로의 선곡에 영향을 받게 된 것도 같아요. 애초에 '난 이 곡이 좋아!' 하며 대결하는 구도가 아니라 '이 노래도 좋지?' 하며 영업하면서 시작된 것이다 보니 상대의 취향이 내게도, 또 선곡에도 영향을 미치는 게 나중엔 선명히 보이더라고요.

선우 맞아요, 각자 선곡한 노래에 화답하듯이 다음 노래를 고르거나 아이디어가 꼬리를 무는 음악으로 연결 짓기도 했어요. 하나씨가 찰리 헤이든과 팻 메스니의 <The Moon Song>을 선곡한 다음 날 내 차례가 되었을 때, 같은 제목이지만 완전히 다른 캐런 오의 곡으로 이어간 것처럼. 그게 바로 음악의 멋진 점이죠. 서로가 주고받은 영향으로 인해 세계가 확장되고 이제는 '우리'의 취향이 되었다는 게.

하나 그건 바로 대화의 멋진 점이기도 한 것 같아요. 하와이 딜리버리는 우리가 하루 한 곡씩 음악으로 나누는 대화와도 같았으니까.

Ivan Lins <Setembro>

새로운 계절, 새 달의 첫날에 어울리는 9월의 노래를 들어볼까요. 퀸시 존스가 <Brazilian Wedding Song>이라는 제목으로 리메이크하기도 했던 이반 린스의 <Setembro(1980)>입니다. 포르투갈어로 9월이란 뜻이지요. 유튜브에서만 들을 수 있습니다.

Nils Landgren <I Will Survive>

글로리아 게이너의 명곡 <I Will Survive>는 무수히 많은 뮤지션들이 재해석했죠. 그중 특히 아끼는 곡입니다. 스웨덴 출신의 트럼본 연주자 닐스 란드그렌이 부르고 연주한 2002년 버전이에요.

Pure Bathing Culture <Palest Pearl>

미국 포틀랜드 출신 팝 듀오 퓨어 베이딩 컬처의 <Palest Pearl(2015)>입니다. 1980년대 마돈나 혹은 신디 로퍼 느낌이 나죠. 아주 단순하고도 경쾌한 미덕이 있는 트랙이에요.

Barry White & Love Unlimited Orchestra <Love's Theme>

배리 화이트 & 러브 언리미티드 오케스트라의 <Love's Theme(1973)>입니다. 현악이 꽉 차게 흐르고 리듬은 생동합니다. '사랑의 테마'라는 제목처럼 이 곡을 들으면 갑자기 세상에 사랑이 넘쳐나는 것 같지요.

Mac Ayres <Easy>

맥 에어스의 데뷔 EP 중 <Easy(2017)>입니다. R&B, 소울과 힙합의 요소를 솜씨 좋게 섞는 게 그의 장기죠. 부드러운 보컬이 그 위를 흐르면서, 곡의 제목처럼 편안하게 보내는 초가을 저녁에 어울립니다.

The Velvet Underground <I'll Be Your Mirror>
벨벳 언더그라운드의 <I'll Be Your Mirror(1967)>입니다. 밴드들의 데뷔 시절에는 저마다 에너지가 어려 있게 마련이지만 루 리드가 니코, 앤디 워홀과 함께한 시기는 새삼 굉장하게 느껴집니다.

Mae Muller <Anticlimax>
영국 출신의 1997년생 싱어송라이터 메이 뮬러의 <Anticlimax(2019)>입니다. 살짝 까끌거리는 목소리에 매력적인 분위기를 지녔어요. 만만찮아 보이는 표정과 태도도 멋있네요.

McCoy Tyner Trio <When Sunny Gets Blue>
초가을 무렵에는 화창하던 날씨도 갑자기 흐려져 비가 쏟아질 때가 있죠. 그럴 때 어울리는 음악입니다. 맥코이 타이너 트리오의 맑고 영롱한 곡 <When Sunny Gets Blue(1963)>입니다.

Steely Dan <Peg>

스틸리 댄은 건반의 도널드 페이건, 기타의 월터 베커가 만난 전설적인 밴드였죠. 오늘은 그들의 재즈 록 명반 《Aja》 가운데서 <Peg(1977)>를 들어봅니다.

The Velvet Underground <Who Loves the Sun?>

이맘때의 햇살을 사랑하지 않을 사람이 있을까요? 햇살과 빗물을 노래하는 벨벳 언더그라운드의 사랑스러운 곡 <Who Loves the Sun?(1970)>입니다.

hawaii delivery @hawaii_delivery · Sep 4, 2019
종일 거센 비가 내리다가 늦은 오후가 되니 슬쩍 해가 모습을 드러내네요. 햇살과 빗물을 노래하는 벨벳 언더그라운드의 'Who Loves The Sun?(1970)'입니다
youtu.be/DgGuTicdtyg
the velvet underground loaded

The Ramsey Lewis <Whisper Zone>

간결하고 아름다우면서도 그루브 넘치는 곡입니다. 램지 루이스의 <Whisper Zone(1980)>. 이 1935년생 할아버지가 2022년까지 활동하며 아름다운 곡을 수없이 만들어냈다는 것이 정말 고맙습니다.

Bruno Nicolai <In Automobile>

이탈리아의 영화음악가 브루노 니콜라이는 엔니오 모리코네와 동시대에 활동했지만 그보다는 덜 알려진 인물이죠. 포스터에서 범죄 호러 장르임을 짐작할 수 있는 영화 <레드 퀸은 일곱 번 죽인다(La Dama Rossa Uccide Sette Volte, 1972)>에 쓰이긴 했지만 이 곡 <In Automobile>만은 짧고 강렬하게 낭만적입니다.

松下誠 <September Rain>

마츠시타 마코토의 우수 어린 곡 <September Rain(1981)>입니다. 비가 오거나 오지 않거나, 9월의 저녁 어스름이 도시의 불빛 너머로 드리워질 때면 이 곡이 참 잘 어울립니다. 미세하게 차가워지기 시작하는 바람 같기도요.

Rupert Holmes <So Beautiful It Hurts>

루퍼트 홈즈의 <So Beautiful It Hurts(1978)>는 넓은 장소를 유영하는 느낌의 노래입니다. 질감이 다른 관악기 솔로가 연이어 다른 공간을 열어 보이는데, 형제 재즈 밴드인 브레커 브라더스가 연주에 참여했다고 하네요.

Céu & Herbie Hancock <Tempo de Amor>

재즈 피아니스트 허비 행콕이 여러 아티스트들과 협업한 《Imagine Project(2010)》 앨범 중 세우가 보컬로 참여한 <Tempo de Amor>입니다. 세우의 목소리와 허비 행콕의 피아노 즉흥 연주가 어우러져 뾰족한 매력을 만들어내지요.

Serge Gainsbourg <L'anamour>

새 계절 속으로 한 발씩 들어가는 날들이네요. 담배 연기가 좀 섞인 듯한 세르주 갱스부르의 까끌한 목소리로 듣는 <L'anamour(1968)>입니다. 뮤직비디오 속 제인 버킨의 모습도 참 아름다워요.

Jean-Michel Bernard <If You Rescue Me (Chansons des Chats)>

미셸 공드리 감독의 영화 <수면의 과학>에 쓰인 사랑스러운 곡 <If You Rescue Me (Chansons des Chats)(2006)>입니다. '날 구해준다면 영원히 당신의 친구가 될 거예요. 날 침대에 들여준다면 당신은 겨울 내내 따뜻할 거예요.'

Fantastic Plastic Machine <Steppin’ Out>

조 잭슨의 원곡을 커버한 판타스틱 플라스틱 머신의 <Steppin’ Out(1997)>입니다. 달이 높고 환한 가을밤이면 가끔 이 곡이 떠오릅니다. 좋은 의미에서 국적을 구분하기 어려운 곡이죠.

Maria Muldaur <Midnight at the Oasis>

마리아 멀더의 <Midnight at the Oasis(1974)>입니다. 어딘가 불안정한 음성과 중반의 기타 솔로가 좋아요. 브랜드 뉴 헤비스가 커버한 버전도 있는데, 그 곡은 조금 기름져서 사막 가운데 오아시스보다는 리조트가 떠오르고요.

hawaii delivery @hawaii_delivery · Sep 8, 2017
조 잭슨의 원곡을 커버한 판타스틱 플리스틱 머신의 'Steppin' Out(1997)'입니다. 오늘처럼 달이 높고 환한 날이면 가끔 이 곡이 떠오릅니다. 참 무국적인 곡이죠.
youtu.be/oDOJsPGMzW0
The Fantastic Plastic Machine

The Glitterhouse <I Love All the Love in You>

제인 폰다가 주연한 B급 SF영화 <바바렐라> OST 중에서 글리터하우스의 <I Love All the Love in You(1968)>입니다. 허술하고 어이없지만 귀엽기도 한 영화에 꼭 어울리는 음악이지요.

Smokey & Miho <Blue Glasses>

여성 2인조 밴드 치보 마토의 하토리 미호는 고릴라즈 같은 밴드의 객원 보컬로도 참여했고, 기타리스트 스모키 호멜과 함께 브라질리언 뮤직 듀오로도 활동한 바 있습니다. 스모키 & 미호의 <Blue Glasses(2003)>, 보사노바 리듬과 나른한 목소리가 느긋한 저녁에 어울리네요.

Nils Landgren <This Masquerade>

카펜터스와 조지 벤슨 등 쟁쟁한 뮤지션들의 버전이 있지만 이 버전도 참 좋지요. 스웨덴 출신의 트럼본 연주자 닐스 란드그렌의 <This Masquerade(2002)>입니다. 사실 이 곡을 제일 자주 들어요.

Eumir Deodato <The White Puma>

음악 세계의 폭이 아주 넓은 뮤지션, 에우미르 지오다투의 드물게 부드럽기만 한 연주곡 <The White Puma(1973)>입니다. 1970년대는 그가 앨범을 쏟아내던 때였어요. 수작도 평작도 있지만 다양한 시도로 가득 찬 그의 음악을 듣는 건 언제나 흥미로운 일입니다. 유튜브에서 들을 수 있습니다.

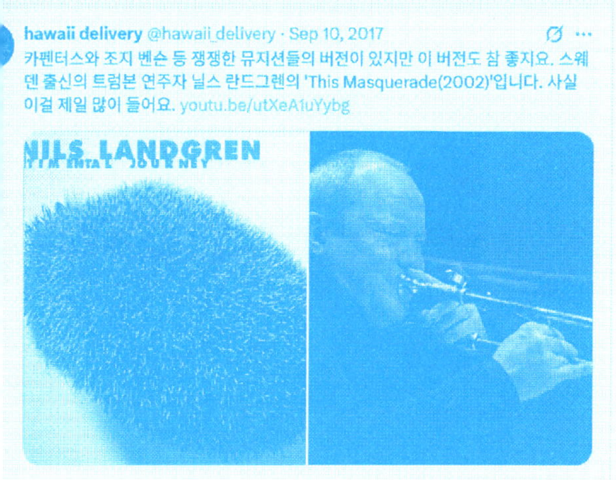

The Avalanches <Because I'm Me>

호주 출신 일렉트릭 뮤직 그룹 아발란체스의 <Because I'm Me(2016)>입니다. 대사가 좀 많지만 공식 뮤직비디오를 찾아 보세요. 주인공 소년이 정말 귀엽거든요. 혼 섹션이 터져 나오는 부분이 참 좋아요.

El DeBarge <Heart, Mind & Soul>

패밀리 그룹 드바지의 리드 보컬이었던 엘 드바지의 <Heart, Mind & Soul(1994)>입니다. 신에 대한 사랑을 노래하는 가사는 좀 부담스럽지만 리듬과 멜로디만으로도 이 노래는 충분히 좋아요.

Monsune <Outta My Mind>

몬순이라는 활동명으로 음악을 만들며 본명은 스콧 장이라고 하지요. 중국계 캐나다인 뮤지션 몬순의 <Outta My Mind(2019)>입니다. 워의 <Lotus Blossom> 그리고 도니 헤더웨이의 <Love, Love, Love>를 샘플링했다는데 솜씨가 썩 괜찮아요.

TOTO <Georgy Porgy>

가을 겨울 시즌에 왠지 더 생각나는 밴드죠. 토토의 고전 명곡 <Georgy Porgy(1978)>입니다. 메인 보컬보다 존재감 있는 여성 코러스의 목소리는 <Got to Be Real>의 셰릴 린이구요.

Shalamar <A Night to Remember>

샬라마의 <A Night to Remember(1982)>입니다. 1980년대 디스코 리듬과 넘치는 스타일링도, 사진첩의 슬라이드쇼 기능을 잘못 누른 것 같은 뮤직비디오도 흥겨워요.

녹두 <오늘 같은 밤>

1990년대스러운 사운드가 어쩐지 따뜻하고 반가운 느낌을 줍니다. "오랜만에 이 동네를 찾았어" 하고 시작하는 노랫말도 김현철의 영향을 떠올리게 하죠. 녹두의 첫 EP 중에서<오늘 같은 밤(2019)>입니다.

Shirley Horn <I Just Found Out About Love>
피아노를 치면서 어떻게 노래를 이렇게 잘할 수 있습니까. 게다가 목소리는 또 어쩜 이리 좋고요. 재즈 싱어이자 피아니스트인 셜리 혼의 <I Just Found Out About Love(1990)>입니다.

Kool & The Gang <Joanna>
1980년대의 좋은 점 중 하나는 이렇게 단순한 리듬과 멜로디, 가사로도 충분히 좋은 노래를 만들고 히트까지 칠 수 있었다는 거죠. 쿨 & 더 갱의 <Joanna(1983)>입니다.

Jay Som <Crown>
미국 LA를 기반으로 활동하는 싱어송라이터 제이 솜의 <Crown(2019)>입니다. 징징 울리는 기타 사운드를 들으면 슈게이징 음악이 한창 유행하던 시절이 떠오르죠. 이 곡뿐 아니라 《Anak Ko》 앨범 전체가 1990년대 록을 듣는 향수를 불러일으켜요.

Marvin Gaye & Tammi Terrell <Something Stupid>

사랑에 빠지는 것만큼 자발적으로 촌스럽고 어리석어지는 일은 없을 겁니다. 이 노래의 이야기처럼 말이죠. 니콜 키드먼과 로비 윌리엄스의 버전도 유명하지만 오늘은 타미 테렐과 마빈 게이의 듀엣으로 듣습니다(2001).

Art Tatum & Ben Webster <My Ideal>

아트 테이텀의 잘그랑거리는 피아노와 벤 웹스터의 묵직한 색소폰, <My Ideal(1956)>입니다. 햇빛이 잘그랑거리고 바람이 시원한 가을날에 참 잘 어울리는 곡이지요.

Amy Winehouse <Tears Dry>

단 두 장의 앨범으로 인류에게 축복을 주고 너무 일찍 가버린 에이미 와인하우스의 유작 앨범 중 <Tears Dry(2011)>입니다. 정규 앨범 버전도 좋지만, 이 오리지널 버전의 울림을 따라가진 못해요.

Heatwave <Sho Nuff Must Be Love>

히트웨이브의 <Sho Nuff Must Be Love(1976)>입니다. Sho nuff는 'sure enough'의 속어라고 하네요. 사랑을 확신하는 목소리가 이 무렵의 저녁 나절을 감싸는 공기처럼 부드러워요.

Stevie Wonder <My Cherie Amour>

대중음악의 우주는 이 한 사람으로 인해 엄청나게 넓어졌습니다. 헤아릴 수 없는 명곡들 중에 특히 더 아름답고 사랑스런 곡, 스티비 원더의 <My Cherie Amour(1969)>입니다.

Pet Shop Boys <Being Boring>

펫 숍 보이스의 명곡 <Being Boring(1990)>입니다. '관조적'이라는 표현을 보면 종종 이 곡의 정서가 생각납니다. 닐 테넌트의 읊조리는 듯한 목소리와 지나가는 시간들.

Family Reunion <League>

패밀리 리유니언은 미국 시카고를 중심으로 활동하는 원 우먼 밴드입니다. 여성 뮤지션 재키 칼슨은 자신이 듣고 싶은 노래를 만들기 위해 음악을 시작, 열아홉 살에 이 곡을 만들었다고 해요. 여름방학에 받은 엽서 같은 솔직함이 전해지는 <League(2018)>입니다. 유튜브에서 들을 수 있어요.

Mitski <Nobody>

일본계 미국인 뮤지션 미츠키의 <Nobody(2018)>입니다. 후반부에 조바꿈이 계속 이어지는 부분은 정말 신나요. 듣고 나면 한동안 후렴구를 흥얼거리게 됩니다.

Everything But The Girl <Rollercoaster>

에브리씽 벗 더 걸의 <Rollercoaster(1994)>입니다. 트레이시 쏜의 담백한 목소리는 상처나 열망을 노래할 때도 자기연민의 정서로 흐르지 않아서 좋아요.

Brittany Howard <He Loves Me>

친숙한 목소리의 새로운 곡이다 싶었는데, 브리타니 하워드의 솔로 앨범이네요. 앨라배마 셰이크스의 바로 그 카리스마 가득한 보컬 말이죠. 밴드 음악보다는 소울풀한 가창이 돋보이는 <He Loves Me(2019)>입니다.

The Isley Brothers <Between the Sheets>

노토리어스 B.I.G.의 <Big Poppa> 등 수많은 곡에 샘플링된 곡이지요. 아이슬리 브라더스의 <Between the Sheets(1983)>. 한번 들으면 잊을 수 없는 베이스라인이 매력적입니다.

Moonchild <Strength>

미국 LA를 기반으로 작곡부터 연주·녹음·프로듀스까지 모든 걸 다 하는 밴드, 문차일드의 <Strength(2019)>입니다. R&B와 소울, 재즈의 기운이 캘리포니아의 햇살 아래 뒤섞인 듯한 음악들입니다.

Toots Thielemans <Bluesette>

하모니카만큼이나 휘파람을 근사하게 연주했던 투츠 틸레망의 <Bluesette(1964)>입니다. 특히 이 곡은 나쁜 기분을 사라지게 하는 마법 같은 음악이죠.

Michael Franks <Popsicle Toes>

바람의 온도가 떨어질 무렵이면 마이클 프랭스를 자주 듣게 됩니다. 그의 노래 중에서도 참 귀여운 곡 <Popsicle Toes(1976)>입니다. 제목은 팝시클(아이스바)처럼 무지 차가운 발가락을 일컫는 말이라고 하네요.

Van McCoy <The Hustle>

더 스타일리스틱스, 아레사 프랭클린의 곡을 만든 작곡가이자 오케스트라 지휘자이기도 했던 밴 맥코이의 <The Hustle(1975)>입니다. 단순하고도 풍요로운 이 디스코 음악에 맞춰서라면 밤새 춤을 출 수도 있을 것 같아요.

Vacationer <Entrance>

바쁘고 긴장했던 스스로를 조금은 다른 리듬으로 밀어 넣기에 좋은 곡, 베이케이셔너의 <Entrance(2018)>입니다. 누군가가 거대한 빗으로 굳었던 등줄기를 쓸어내리는 것처럼 시원하고 사이키델릭해요.

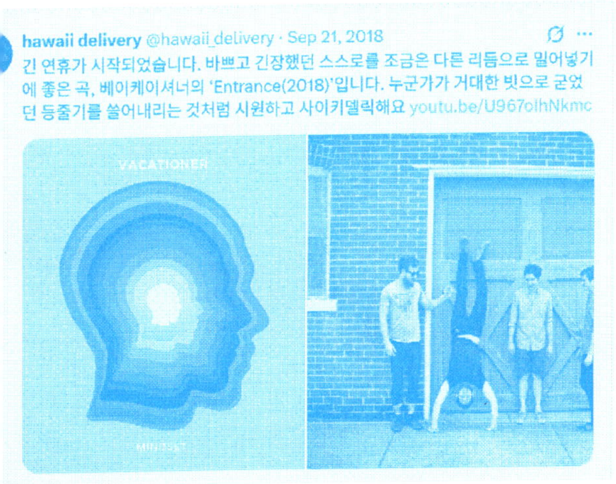

Earth, Wind & Fire <September>

몇 년이 흘러도 9월 21일이면 지구상 어딘가에서는 이 노래를 들으며 춤을 추겠죠. “Do you remember?” 어스 윈드 & 파이어의 <September(1978)>입니다.

Donna Summer <On the Radio>

도나 서머와 조르조 모로더가 함께 곡을 만들고 차트를 휩쓸던 시절은 정말 굉장했습니다. <On the Radio(1979)>가 나왔을 무렵 도나 서머는 이미 확고한 ‘디스코의 여왕’이었지요.

The Meters <Cissy Strut>

리듬은 너무 꽉 채워 넣을 때보다 여백에서 생겨나는 것 같아요. 더 미터스의 헐렁하게 흥겨운 <Cissy Strut(1969)>처럼 말이죠. 고개를 끄덕이며 그루브를 타게 만드는 훵크 연주곡입니다.

Laurindo Almeida <The Lamp Is Low>

브라질 출신 미국 기타리스트 로린두 알메이다의 <The Lamp Is Low(1969)>입니다. 하와이 딜리버리에서 소개한 적 있는 누자베스의 <Aruarian Dance(2004)>의 원곡이기도 해요. 부드럽고 서정적인 기타가 낭만적인 현악과 어우러지면서 아주 근사한 무드를 만들어내지요.

Earth, Wind & Fire <Cruisin'>

1971년에 첫 앨범을 발표한 어스 윈드 & 파이어가 최근까지도 수작 앨범을 발표하고 여전히 세계 곳곳에서 공연을 한다는 사실이 새삼 멋지네요. 1997년 앨범 중 <Cruisin'>입니다. 어딘지 고양감을 주는 이 곡은 유튜브에서 들을 수 있습니다.

hawaii delivery @hawaii_delivery · Sep 22, 2017
1971년에 첫 앨범을 발표한 어스 윈드 & 파이어는 최근까지도 수작 앨범을 발표하고 여전히 세계 곳곳에서 공연을 하는 그룹이지요. 1997년 앨범 중 'Cruisin''입니다. 어딘지 고양감을 주는 곡이에요 youtu.be/GyIm2rWrGZQ

Daniel Caesar <Japanese Denim>

여백으로 오히려 곡을 꽉 채운 느낌입니다. 빈 곳이 많지만 허전하지 않고 무척이나 아름답죠. 다니엘 시저의 <Japanese Denim(2016)>입니다.

Robert Palmer <Every Kinda People>

1970년대 음악을 듣다 보면 특유의 편안한 어른스러움이 느껴지죠. 로버트 파머의 <Every Kinda People(1978)>도 그런 노래입니다. 베이시스트인 앤디 프레이저가 작곡해서인지 베이스라인이 귀에 쏙 들어와요.

Lenny Kravitz <It Ain't Over 'til It's Over>

레니 크래비츠의 <It Ain't Over 'til It's Over(1991)>입니다. 끝날 때까진 끝난 게 아니다. 말장난을 즐기곤 했던 메이저리그 야구선수 요기 베라의 말에서 따온 제목이라고 합니다.

Kenny Loggins <Heart to Heart>

풋풋하던 시절의 케니 로긴스가 부르는 <Heart to Heart(1982)>입니다. 그와 마이클 맥도널드, 데이비드 포스터가 함께 만든 멋진 곡이죠. 무척이나 1980년대스럽고요.

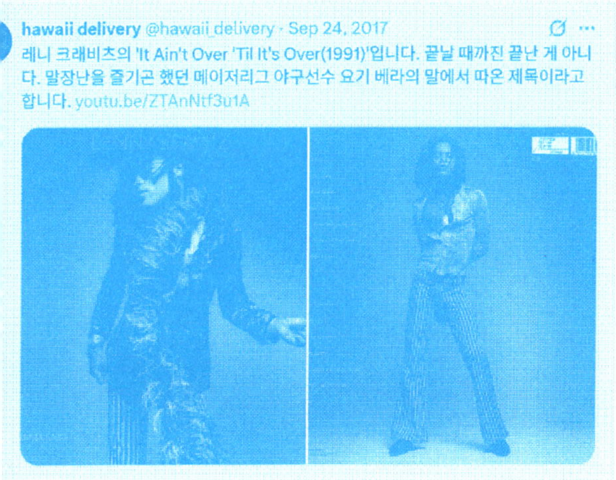

Destroyer <Blue Eyes>

아름다운 카오스 같은 곡, 디스트로이어의 <Blue Eyes(2011)>입니다. 트럼펫과 색소폰이 닿을 듯 말 듯 포개지는 마지막은 아련하게 해 지는 광경을 떠올리게 해요.

Homeshake <So She>

캐나다 몬트리올 출신 뮤지션 홈셰이크의 <So She(2017)>입니다. 맥 드마르코와 함께 곡을 만들고 투어도 하던 피터 세이거의 솔로 프로젝트죠. 묘하게 예상과 어긋나며 불편함을 안고 진행되는 박자와 음이 매력적입니다.

Brick <Ain't Gonna Hurt Nobody>

브릭의 <Ain't Gonna Hurt Nobody(1977)>입니다. 이런 스타일의 1970년대 훵크가 그럴듯 그루브를 탄탄하게 받치는 베이스 소리가 매력 있죠. 후반부 기타 솔로의 선명한 음색도 참 듣기 좋습니다.

Robbie Williams <Have You Met Miss Jones?>

로비 윌리엄스가 부르는 재즈 스탠더드 <Have You Met Miss Jones?(2001)>입니다. 딱 들어맞게도 영화 <브리짓 존스의 일기> 사운드트랙으로 쓰였죠. 햇빛 찬란한 가을날에 듣기 좋은 곡입니다.

Corinne Bailey Rae <Been to the Moon>

영국의 싱어송라이터이자 기타리스트인 코린 베일리 래의 <Been to the Moon(2016)>입니다. 미니멀하면서도 그루브가 넘쳐서 저도 모르게 몸으로 박자를 맞추게 되는 곡이지요.

hawaii delivery @hawaii_delivery · Sep 26, 2018
로비 윌리엄스가 부르는 재즈 스탠더드 'Have You Met Miss Jones?'입니다. 딱 들어맞게도 영화 <브리짓 존스의 일기> 사운드트랙으로 쓰였죠. 햇빛 찬란한 가을날에 듣기 좋은 곡입니다 youtu.be/HMsNqxlJ2x0
ROBBIE WILLIAMS
SWING WHEN YOU'RE WINNING

The Peddlers <On a Clear Day You Can See Forever>

영국의 소울·재즈 트리오 더 페들러스의 <On a Clear Day You Can See Forever(1968)>입니다. 여러 번 리메이크된 뮤지컬 넘버이기도 하죠. 더 페들러스 버전의 풍류를 아는 듯한 성숙한 보컬, 해먼드 오르간 리프가 특히 가을에 듣기 좋아요.

PREP <Cheapest Flight>

영국 밴드 프렙의 첫 EP 중 <Cheapest Flight(2016)>입니다. 후렴구를 한번 들으면 곧 따라 부르게 되는 곡이지요. 낮보다는 밤 감성이라 가로등이 줄지어 밝혀진 길을 드라이브하며 들으면 참 좋아요. 뒤쪽의 브라스가 늦은 밤 느낌을 더합니다.

CHIC <I Want Your Love>

다프트 펑크와 함께 여전히 시크한 음악을 들려주는 기타리스트 나일 로저스의 밴드, 시크의 <I Want Your Love(1978)>입니다. 단순한 구성이지만 굉장한 연주를 들려주는 곡이에요.

10cc <I'm Not in Love>

10cc의 <I'm Not in Love(1975)>입니다. 코러스와 건반, 아름다운 멜로디가 쌓이고 교차하며 만들어내는 우주적 터널 같은 분위기는 정말이지 이 곡만의 것입니다. 언제 들어도 근사해요.

Marcos Valle <Chup, Chup, I Got Away>

마르코스 발레의 1968년 앨범 《Samba 68'》 중 <Chup, Chup, I Got Away>입니다. 가사의 소리를 듣는 것만으로도 재미있어요. 말의 소리는 그 자체로 음악적이지요.

Pat Metheny Group <(It's Just) Talk>

팻 메스니 그룹의 <(It's Just) Talk(1987)>입니다. 이즈음 PMG 음악 특유의, 멀리까지 숨차게 달려가지만 중심을 잃지 않고 돌아와 수렴하는 아름다움이 있는 곡이죠. 크림보라빛 석양이 물드는 가을 저녁과 잘 어울립니다.

Bread <Make It with You>

순하고 맑게 흘러가는 곡, 브레드의 <Make It with You(1970)>입니다. 오늘처럼, 아직은 따뜻함이 가득한 가을날에 어울리는 노래죠.

Devendra Banhart <Love Song>

데벤드라 밴하트의 <Love Song(2019)>입니다. 중간에 읊조리듯 음정이 틀리는 것도 나른하고 달콤하게 들리네요. '닿지 못하고 떨어지기만 하는 사랑(Love like falling without ever landing)'이라는 가사도 인상적입니다.

The 5th Dimension <One Less Bell to Answer>

피프스 디멘션의 <One Less Bell to Answer(1970)>입니다. '그 사람이 떠난 후로 내 삶이 텅 비었다'는 가사는 무척 가슴 아프지만 분위기가 아주 우아한 곡이에요. 멜로디의 귀재 버트 바카락이 지은 노래입니다.

Shuggie Otis <Inspiration Information>

셔기 오티스의 <Inspiration Information(1974)>입니다. 연주의 절정으로 향하면서도 혼잡스럽게 격렬하기보다 쿨한 컨트롤의 선을 끝내 지키는 테크닉이 절묘해요.

Nouvelle Vague <Heart of Glass>

10월의 첫날, 누벨 바그의 <Heart of Glass(2006)>를 듣습니다. 블론디의 유명한 오리지널을 전혀 다른 분위기로 리메이크했어요. 원곡에서의 히스테릭한 흥분이 사라진 자리에 느긋한 여유가 감돕니다.

Al Jarreau <We're in This Love Together>

알 재로의 달콤한 사랑 노래 <We're in This Love Together(1981)>입니다. '(우리의 사랑은) 들을 때마다 따라 부르고 싶은 노래 같은 것'이라는 가사가 나오는데 이 노래가 바로 그렇습니다. 참 1980년대스럽고 또 여전히 좋죠.

윤상 <한 걸음 더>

“숨 가쁘게 흘러가는 여기 도시의 소음 속에서 빛을 잃어가는 모든 걸 놓치긴 아쉬워” 작사가 박창학과의 호흡이 시작된 윤상의 <한 걸음 더(1990)>입니다. 당시 무척이나 세련된 가요였죠.

John Cameron <Liquid Sunshine>

영화와 TV 시리즈의 음악을 많이 작업한 영국 뮤지션 존 캐머론의 <Liquid Sunshine(1973)>입니다. 해가 쨍한데 비가 내리는 걸 리퀴드 선샤인이라고 부른다고 하네요. 이 곡은 바로 그런 느낌이에요.

Sandro Brugnolini <Adrie’s Dream>

이탈리아 작곡가이자 색소폰 연주자인 산드로 브루뇰리니의 <Adrie’s Dream(1970)>입니다. 비가 내리고 가을이 깊어지려는 밤에 잘 어울리는, 어딘가 영화음악 같은 트랙이에요.

The Verve <Sonnet>

세상을 들썩이게 하는 타이틀곡 뒤 소품 같은 노래에 더 마음이 갈 때가 있죠. 버브의 《Urban Hymns》 앨범에서도 엄청나게 히트한 <Bittersweet Symphony> 다음 트랙으로 수록된 서정적인 곡 <Sonnet(1997)>를 더 사랑하게 된 것처럼요.

Luther Vandross <Never Too Much>

위대한 보컬리스트 루서 밴드로스의 솔로 데뷔곡 <Never Too Much(1981)>입니다. 멜로디를 정확히 짚으며 자유자재로 리듬을 탑니다. 어려운 곡을 하나도 힘 안 들인 듯 부르는 게 그의 재능이었죠.

윈디시티 <Love Supreme>

윈디시티 1집은 훌륭한 음반이었죠. 그중 인트로부터 마음을 끄는 <Love Supreme(2005)>입니다. 드럼을 치면서 노래하는 김반장의 독특한 콧소리가 건반의 음색과 묘하게 어우러지며 몽환적인 느낌을 주지요.

Ella Fitzgerald & Louis Armstrong <Our Love Is Here to Stay>

사랑스럽고 조화로운 듀엣, 엘라 피츠제럴드와 루이 암스트롱의 <Our Love Is Here to Stay(1957)>입니다. 세상이 아무리 변해도 우리 사랑은 결코 변함없다고 노래하는 낙천적인 두 목소리.

Leroy Hutson <So in Love with You>

르로이 헛슨의 사랑 노래 <So in Love with You(1973)>입니다. 가을밤에 듣는 자장가라면 이 정도의 온기와 달콤함은 품어야겠죠.

Whitney Houston & Stevie Wonder <We Didn’t Know>

휘트니 휴스턴과 스티비 원더의 듀엣 <We Didn’t Know(1990)>입니다. 친구로 지내던 두 사람이 어느 날 사랑에 빠지게 될 줄은 스스로도 몰랐다는 내용이죠. ‘내일은 오늘의 미스터리이듯, 우리는 몰랐어요.’

Christopher Owens <Heroine (Got Nothing on You)>

밴드 걸스의 프론트맨이었던 크리스토퍼 오웬스의 단순하고 귀여운 솔로곡 <Heroine (Got Nothing on You)(2015)>입니다. 쟁글거리는 기타 소리, 손가락 끝을 부딪치는 소리와 뚜둡둡 입으로 박자 맞추기, 허술한 휘파람 같은 것들이 마음을 말랑하게 만들어요.

Simon & Garfunkel <America>

화음 너머 로드무비 같은 장면들이 그려지며 어디론가 떠나고 싶게 만드는, 사이먼 & 가펑클의 <America(1968)>입니다. 캐머런 크로 감독의 음악 영화 <올모스트 페이머스>에서도 바로 그런 맥락으로 인상 깊게 쓰였던 곡이죠.

Super Furry Animals <Juxtaposed with U>

저는 이 노래를 통해 juxtapose(나란히 놓다, 병치하다)라는 단어를 알게 되었어요. 웨일스 출신 인디 밴드 슈퍼 퍼리 애니멀스의 <Juxtaposed with U(2001)>입니다. 굼뜬 듯 매력적인 그루프 리스의 목소리.

hawaii delivery @hawaii_delivery · Oct 6, 2017
저는 이 노래를 통해 juxtapose라는 단어를 알게 되었어요. 웨일스 출신 인디 밴드 수퍼퍼리애니멀스의 'Juxtaposed With U(2001)'입니다. 굼뜬 듯 매력적인 그루프 리스의 목소리. youtu.be/3PkL0Hij9QI

Angela Bofill <Share Your Love>

안젤라 보필의 <Share Your Love(1978)>입니다. 앨범 재킷 사진 속에서 뮤지션이 입고 있는 실크 가운처럼 매끄럽게 감겨오는 질감의 노래예요.

TLC <Creep>

TLC의 <Creep(1994)>입니다. 트럼펫 소리와 넘실대는 그루브가 인상적이에요. 뮤직비디오도 당시 매우 충격적이었습니다. 세 멤버가 입고 나왔던 실크 가운을 아직도 기억하는 사람들이 많죠.

Beach House <Myth>

'드림 팝'이라는 장르 이름과 참 어울리는 음악을 들려주는 비치 하우스의 <Myth(2012)>입니다. 이 노래의 시작 부분은 어떤 날씨에 들어도 일렁이는 빛이 쏟아져 내리는 것 같아요.

William DeVaughn <Be Thankful for What You Got>

윌리엄 드본의 <Be Thankful for What You Got(1974)>입니다. 매시브 어택과 요 라 텡고의 커버 버전도 좋아서 뭘 올려야 할지 꽤 고민했네요. 이 버전을 고르게 된 건 역시 원곡의 힘이겠지요.

Alan Hawkshaw & Brian Bennett <Alto Glide>

영국 뮤지션 앨런 호크쇼와 브라이언 베넷이 함께 작업한 앨범 《Synthesis(1974)》 가운데 <Alto Glide>입니다. 좋은 날씨 속의 평화로운 여행으로 이끄는 음악 같아요.

Craft Spells <Nausea>

캘리포니아 출신의 인디 밴드 크래프트 스펠스의 <Nausea(2014)>입니다. 흘러가는 구름을 보듯 나른하게 몽상에 빠져들게 하는 노래죠.

Mild High Club <Homage>

마일드 하이 클럽의 <Homage(2016)>입니다. 고전적이고 향수어린 느낌의 멜로디가 몽롱한 노이즈와 만나 독특한 감상을 일으킵니다. 짧지만 매력적인 곡이에요.

Michael Franks <Antonio's Song (The Rainbow)>

마이클 프랭스의 <Antonio's Song (The Rainbow)(1977)>은 조금 감상적이랄 수도 있지만 엷은 우수 같은 느낌이 좋아요. 가을이 더 짙어지기 전 이즈음과 잘 어울리겠죠.

Modjo <Lady (Hear Me Tonight)>

저는 이 곡을 들으면 1초 만에 흥이 오릅니다. 프랑스 기반의 프로듀서 듀오 모조의 <Lady (Hear Me Tonight)(2000)>입니다. 시크의 나일 로저스가 친 기타를 샘플링했어요.

Labi Siffre <My Song>

조용하고 사색적인 음악은 찬 공기와 더불어 계절을 더 명료하게 만들죠. 기온이 훅 내려가면 이 노래가 떠오릅니다. 라비 시프레의 <My Song(1972)>입니다.

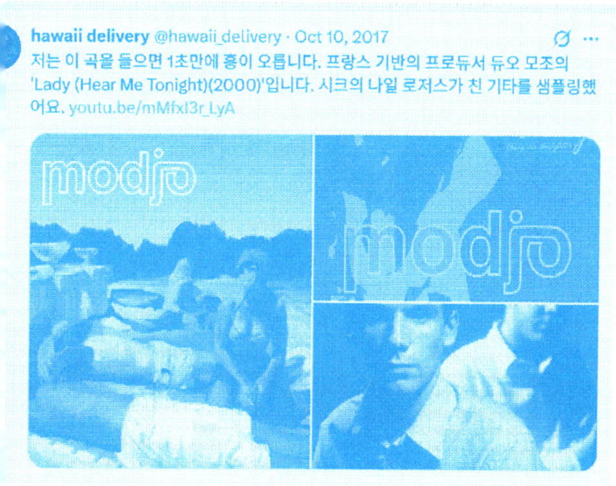

WONK <Savior>

웡크의 <Savior(2016)>입니다. 텔로니어스 멍크의 Monk에서 M을 W로 뒤집어 썼다고 하네요. 밴드 이름에서도 방향이 짐작되듯 재즈를 기분 좋게 차용한 네오소울 계열 음악을 들려줍니다.

아도이 <Wonder>

아도이의 기분 좋아지는 곡 <Wonder(2018)>입니다. 가을에 노을 방향으로 운전하며 들으니 참 좋더군요. 누군가가 좋아지기 시작할 때의 들뜨는 기분 같기도 하고요.

John Legend <Maxine>

사람 이름으로 된 제목은 어째선지 울림이 더 큽니다. 존 레전드가 부르는 이름, <Maxine(2006)>입니다. '그녀는 당신이 아닐 테지 하지만 그녀는 정말 당신과 닮았어 맥신.'

Cortex <La Rue>

프랑스의 훵크 재즈 밴드 코텍스의 <La Rue(1975)>입니다. 달큰한 프랑스어 보컬과 균형 잡힌 세션들의 연주가 아름다운 길로 이끌어요. 러닝타임이 꽤 긴데도 지루하게 느낄 틈을 주지 않는 곡입니다.

Donald Byrd(ft. Isaac Hayes) <I Feel Like Loving You Today>

아이작 헤이스가 참여한 도널드 버드의 <I Feel Like Loving You Today(1981)>입니다. 작곡을 아이작 헤이스가 맡았는데 특유의 베이스라인에서 그의 색깔이 묻어나지요. 조금 묵직하고 긴 곡이지만 코러스와 현악 등이 들고 나면서 진행이 다채로워요.

Steve Miller Band <Fly Like an Eagle>

스티브 밀러 밴드의 <Fly Like an Eagle(1976)>입니다. 신시사이저가 도드라지는 끝부분을 듣고 있으면, 독수리보다 전자오락 속 우주선이 날아오르는 모습이 떠오릅니다.

빛과 소금 <조바심>

빛과 소금 노래들 중 그리 유명한 편은 아니지만 참 좋은 곡이에요. 3집 중 <조바심(1992)>입니다. 장기호 특유의 힘 빠진 목소리가 보사노바 리듬과 잘 어울리지요. 못 들어보셨다면 지금 꼭 들어보세요.

The Cardigans <Carnival>

별안간 나타나 세계를 강타했던 앨범이죠. 스웨덴 밴드 카디건스의 《Life(1995)》 앨범은 모든 곡이 귀에 쏙 들어오는데 오늘은 1번 트랙 <Carnival>을 올려봅니다. 오랜만에 들어도 역시 좋네요.

Blue Lab Beats <Skippy>

영국 런던을 중심으로 활동하는 듀오 블루 랩 비츠의 <Skippy(2016)>입니다. 재즈와 힙합, 소울과 일렉트로니카를 황금 비율로 섞어놓았어요. 언제 들어도 좋지만 특히 고요한 가을밤의 드라이브 뮤직으로 추천하고 싶습니다.

hawaii delivery @hawaii_delivery · Oct 14, 2017
별안간 나타나 세계를 강타했던 앨범이죠. 스웨덴 밴드 카디건스의 <Life(1995)> 앨범은 모든 곡이 귀에 쏙 들어오는데 오늘은 1번 트랙 'Carnival'을 올려봅니다. 오랜만에 들어도 역시 좋네요 youtu.be/7bK5EPjGri4
The Cardigans
LIFE
The Cardigans
① Carnival

Willie Bobo <This Guy's in Love with You>

세상에서 가장 예쁜 멜로디를 만드는 작곡가를 묻는다면 버트 바카락을 꼽겠습니다. 정직한 사랑 노래 <This Guy's in Love with You(1969)>. 재즈 퍼커셔니스트 윌리 보보가 연주한 버전이에요.

Carla Bley <Lawns>

재즈 피아니스트 칼라 블레이의 <Lawns(1987)>입니다. 고요하고 관조적이면서도 분명하고 힘있는 타건이 인상적입니다. 베이스는 삼십 년 이상 음악과 생활의 파트너였던 스티브 스왈로가 맡았지요.

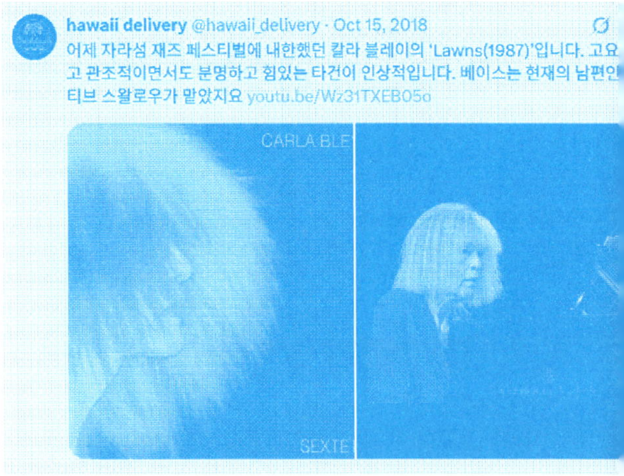

Marvin Gaye <When Did You Stop Loving Me, When Did I Stop Loving You>

마빈 게이의 <When Did You Stop Loving Me, When Did I Stop Loving You(1978)>. 상대방에게 언제부터 나를 사랑하지 않게 되었냐는 질문보다, '언제부터 나도 널 사랑하지 않게 됐을까' 자문하는 상황이 더 슬프게 들리네요.

Jerry Paper <Did I Buy It?>

미국 LA 출신 싱어송라이터 제리 페이퍼의 <Did I Buy It?(2018)>입니다. 배드배드낫굿(BADBADNOTGOOD)의 멤버 매튜 타바레스와 공동 프로듀스한 2018년 앨범 가운데서 마일드 하이 클럽이 피처링한 곡이에요. 어둑한 가을 오후를 아늑하게 감싸주는 사운드네요.

Cosmo Pyke <Chronic Sunshine>

영국식 발음과 쿨한 무드 때문인지 처음 들었을 땐 킹 크룰이 떠오르기도 했습니다. 스케이터이자 모델이기도 한 코스모 파이크의 <Chronic Sunshine(2017)>.

Big Thief <Paul>

브루클린 출신 인디 밴드 빅 씨프의 <Paul(2016)>입니다. 영롱한 보컬과 어쿠스틱 기타 반주만으로 곡이 시작될 때, 리듬 악기들이 등장하고 부드러운 코러스가 그 위에 깔릴 때 차례로 조금씩 심장이 내려앉는 것 같아요. 가을날에 어울리는 예쁘고도 슬픈 노래죠.

Aim <Good Disease>

에임이라는 이름으로 활동하는 영국 아티스트 앤드루 터너의 <Good Disease(2002)>입니다. 힙합 리듬에 올려놓은 미니멀한 멜로디와 트럼펫 소리가 달콤하죠. 결코 낫고 싶지 않은, 사랑이라는 '좋은 병'에 대해 노래합니다.

Guru & Eryka Badu <Plenty>

구루와 에리카 바두의 <Plenty(2000)>입니다. 끈적한 비트와 묵직한 랩 위를 물처럼 흐르는 보컬의 조화가 참 좋습니다. 재즈와 힙합을 적절히 믹스한 곡들을 선보이던 구루는 2010년 마흔여덟의 나이로 너무 일찍 세상을 떠났지요.

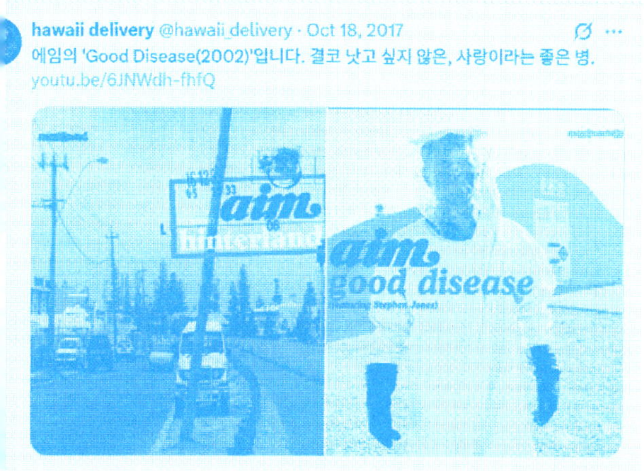

hawaii delivery @hawaii_delivery · Oct 18, 2017
에임의 'Good Disease(2002)'입니다. 결코 낫고 싶지 않은, 사랑이라는 좋은 병.
youtu.be/6JNWdh-fhfQ
aim
hinterland
aim
good disease

Bobby Humphrey <You Make Me Feel So Good>

흑인 여성인 재즈 플루티스트 바비 험프리의 <You Make Me Feel So Good(1975)>입니다. 1분 15초 즈음부터 존재감을 드러내기 시작하는 플루트 연주에 귀를 기울여보세요. 험프리는 마치 록스타들이 기타를 사용하는 방식으로 이 악기를 몰아붙이며 화려한 기교를 선보입니다.

정원영 <다시 시작해>

봄여름가을겨울, 김현철, 빛과 소금 등 90년대 초 동아기획 뮤지션들의 음악에서는 퓨전 재즈의 영향이 느껴지죠. 레이블의 이름이 또렷하게 새겨진 정원영의 세련된 곡 <다시 시작해(1995)>입니다. 유튜브에서 들을 수 있어요.

Men I Trust <Numb>

멘 아이 트러스트의 <Numb(2019)>입니다. 아련하고 낭만적인 전개가 프렌치 팝 같은 느낌도 주지요. 뮤직비디오를 보면서 들으면 오래된 영화의 사운드트랙 같기도 합니다. 주말 밤 틀어놓고 긴장을 풀기에 좋은 곡이에요.

Andy Gibb <I Just Want to Be Your Everything>

형제들로 이루어진 그룹 비지스의 막내였던 앤디 깁이 솔로로 발표해 히트한 <I Just Want to Be Your Everything(1977)>입니다. 특유의 팔세토 창법과 가벼운 기타 그루브가 마음을 느긋하게 해주지요.

Gwen Bunn <Let Me>

그웬 번의 <Let Me(2009)>입니다. 디 인터넷의 시드, 스쿨보이 큐 같은 뮤지션들의 프로듀서로도 활동하는 아티스트예요. 멜로디며 리듬이 부드러운 꿈같죠. 너무 급하게 끝나버리는 결말부마저 꼭 달콤한 꿈에서 깨어나는 순간 같습니다. 유튜브에서 들을 수 있어요.

Lykke Li <I Follow Rivers>

스웨덴 싱어송라이터 뤼케 리가 부른 <I Follow Rivers(2012)>입니다. 영화 <가장 따뜻한 색, 블루>에서 이 곡에 맞춰 주인공 아델이 춤추던 장면을 잊을 수 없어요.

Bebel & Cazuza <Preciso Dizer Que Te Amo>

베베우 & 카주자의 <Preciso Dizer Que Te Amo(1986)>입니다. 제목은 '당신을 사랑한다고 말해야겠어요'라는 뜻이라고 해요. 마이크 앞이 아니라 건넛방에서 들려오는 듯 편안하고 아름다운 노랫소리죠.

Yo La Tengo <Autumn Sweater>

도톰하고 포근한 니트를 다시 꺼내는 계절이 오면 습관처럼 찾아 듣는 노래입니다. 마음의 온기를 지켜주는 것 같거든요. 요라 텡고의 <Autumn Sweater(1997)>.

Michael Franks <The Lady Wants to Know>

정결하고 차분하되 지나치게 차갑지는 않은, 딱 요즈음 계절의 느낌 같은 곡입니다. 마이클 프랭스의 <The Lady Wants to Know(1977)>.

Earl Klugh <Lullaby of Birdland>

기타리스트 얼 클루가 연주한 재즈 스탠더드 넘버 <Lullaby of Birdland(2013)>입니다. 차가워지는 공기 속에 맑은 기타 소리가 마음을 다독여줍니다. 가을밤 자장가로 듣기에 좋네요.

Mac Ayres <Under>

맥 에어스의 <Under(2018)>입니다. 간결하고 감미로우면서도 리듬이 착 달라붙는 곡들을 들려주는 뮤지션이죠. 오래된 소울 음악의 요소를 적당히 사용하는데, 낡았다는 느낌은 들지 않는 점이 영리하게 느껴집니다.

Parcels <Tieduprightnow>

호주 출신으로 독일에서 활동하고 있는 밴드 파슬스의 <Tieduprightnow(2018)>입니다. 다프트 펑크와 함께 작업해서 화제가 되기도 했죠. 호주의 경쾌한 햇살과 유럽의 세련된 비트가 만나 태어난 것 같은 곡입니다.

Michael Jackson & Paul McCartney <The Girl Is Mine>

마이클 잭슨과 폴 매카트니가 한 여자를 두고 다툽니다. 얘길 들어보니 그녀는 누구의 애인도 아닌 것 같지만요. 《Thriller》 앨범의 첫 싱글이었던 <The Girl Is Mine(1982)>입니다.

Leon Ware <Club Sashay>

활동 기간 1967~2017. 오십 년간 왕성하게 활동하며 그만의 스타일을 각인시킨 레온 웨어. 1979년 명반 《Inside Is Love》 중에서 <Club Sashay>입니다.

Rodriguez <I Think of You>

다큐멘터리 <서칭 포 슈가맨>은 시공간을 뛰어넘는 음악의 힘에 대한 놀라운 이야기이자 힘있는 음악의 발견이었죠. 단순하고 아름다운 곡, 로드리게즈의 <I Think of You(1971)>입니다.

The Jones Girls <This Feeling Is Killing Me>

쟁글거리는 탬버린, 가벼운 휘파람, 재잘대는 코러스와 스캣 같은 요소로 이루어진 기분 좋은 곡이에요. 세 자매 보컬 그룹이었던 더 존스 걸스의 <This Feeling Is Killing Me(1979)>입니다.

ケン田村 <Little Bit Easier>

비가 내리고 갠 가을의 도시 풍경과 잘 어울리는 곡입니다. 켄 타무라의 <Little Bit Easier(1982)>. 조지 벤슨의 <Breezin'>과 흡사하게 들리는데 아마도 샘플링 또는 오마주가 아닐까 합니다. 제목처럼 기분이 조금 편안해지는 곡이에요.

Mayer Hawthorne <A Strange Arrangement>

메이어 호손의 <A Strange Arrangement(2009)>입니다. 그가 익숙하게 잘 사용하는 레트로풍의 멜로디와 전개지만 가볍기보다 진지해서 또 새롭게 들리네요. 메이어 호손을 세상에 소개했던 첫 앨범의 첫 트랙입니다.

Darondo <Didn't I>

미국 소울 뮤지션 다론도의 <Didn't I(2005)>입니다. 갑자기 싸늘해지는 가을밤의 온도와 습도에 잘 어울리는 곡이죠. 아직 덜 마른 낙엽을 밟으며 걸을 때의 따뜻한 느낌이 들어요.

Lou Reed <Walk on the Wild Side>

루 리드의 <Walk on the Wild Side(1972)>는 담담하고 무심한 톤이 매력적인 곡이죠. 이 곡이 실린 《Transformer》 앨범에 프로듀서로 참여한 데이비드 보위의 색깔도 느껴집니다.

Quadron <Better Off>

덴마크 출신으로 LA에서 활동하는 쿼드론의 <Better Off(2013)>입니다. 빠져든다는 표현이 아주 적절할 다운템포의 매력적인 곡인데요, 중간에 나오는 최면적인 랩은 켄드릭 라마입니다.

Blur(ft. Francoise Hardy) <To the End>

블러의 곡에 프랑수아즈 아르디가 피처링한 <To the End(1994)>입니다. 끝을 향해 가는 관계를 노래하지만 슬프기보다는 그저 천천히 내려앉는 것 같습니다. 우아하고, 덤덤하게.

Barry Manilow & Mel Tormé <Big City Blues>

배리 매닐로와 멜 토메의 <Big City Blues(1984)>입니다. 마지막 부분이 다소 갑작스럽게 끝나는 듯 느껴지는 건, 이 곡이 수록된 《2:00 AM Paradise Cafe》 앨범은 모든 트랙이 이어져 있기 때문이죠. 더없이 가을 같은 앨범이니 전체를 찾아 들으셔도 좋겠습니다.

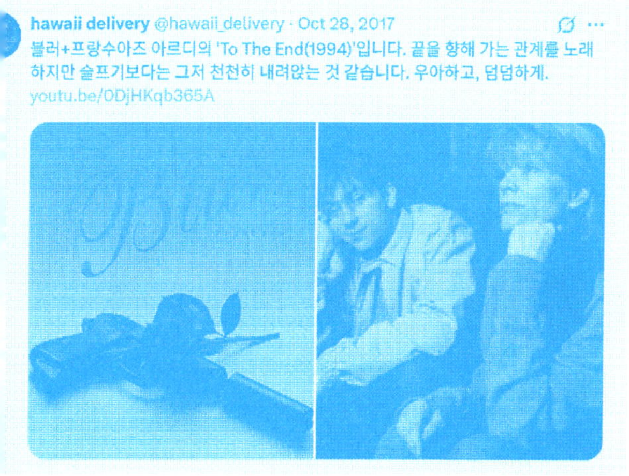

hawaii delivery @hawaii_delivery · Oct 28, 2017
블러+프랑수아즈 아르디의 'To The End(1994)'입니다. 끝을 향해 가는 관계를 노래하지만 슬프기보다는 그저 천천히 내려앉는 것 같습니다. 우아하고, 덤덤하게.
youtu.be/0DjHKqb365A

Cheryl Lynn <Got to Be Real>

언제 들어도 당당하고 힘있는 여성의 이미지가 떠오르는 곡입니다. HBO 시리즈 <섹스 앤 더 시티>에서는 주인공 캐리가 패션쇼의 모델이 되어 캣워크를 할 때 배경음악으로 쓰이기도 했죠. 셰릴 린의 <Got to Be Real(1978)>입니다.

Bedouine <Nice and Quiet>

10월에서 11월로 향하는 밤이네요. 가을 깊숙한 곳까지 들어온 감각에 어울리는 포크송을 골랐습니다. 시리아계 미국인 싱어송라이터 베드윈의 <Nice and Quiet(2017)>예요. 처음 들었을 땐 카를라 브루니가 떠오르기도 했는데, 차분하고 사색적이죠.

Witch <Let's Get Together>

1970년대에 결성된 잠비아 출신의 밴드 위치의 <Let's Get Together(1980)>입니다. 밴드의 침체기에 소량 제작되었던 앨범이었지만 비교적 최근의 레코드 팬들이 발굴해 내면서 디지털 시대에도 들을 수 있게 되었다고 해요. 사라졌다면 무척이나 안타까웠을, 이 멋진 음악이 살아남아 다행입니다.

Tevin Campbell <Can We Talk>

가녀린 목소리가 트레이드 마크였던 테빈 캠벨의 히트곡 <Can We Talk(1993)>입니다. 베이비페이스가 작곡하고 프로듀스했죠. 참 1990년대스러운 곡이에요. 좋은 의미로요.

Nat King Cole <Walkin' My Baby Back Home>

냇 킹 콜의 귀여운 노래 <Walkin' My Baby Back Home(1952)>입니다. 데이트 후 걸어서 집까지 바래다주는 아직 수줍고 설레는 커플의 이야기를 담았습니다.

Lianne La Havas <Green & Gold>

영국의 싱어송라이터 리앤 라 하바스의 <Green & Gold(2015)>입니다. 시작부터 계속 이어지는 기타 리프가 이 곡에 개성을 부여합니다. 1970년대에 만들어진 펜더의 스페셜 에디션 기타 소리라고 하네요.

Art Garfunkel <I Only Have Eyes for You>

사랑에 빠져 눈에 그 사람만 보일 때가 있죠. 그런 울렁대고 설레는 마음을 한 움큼 떼어다가 빚어놓은 것같이 말랑말랑한 노래입니다. 아트 가펑클의 <I Only Have Eyes for You(1985)>.

Ned Doheny <A Love of Your Own>

제이디 사우더, 린다 론스태트, 잭슨 브라운 등과 협업한 기타리스트이자 싱어송라이터였던 네드 도헤니의 <A Love of Your Own(1976)>입니다. 애버리지 화이트 밴드가 부른 버전으로 더 크게 히트한 곡이지만 도헤니 버전이 좀 더 담백해서 좋네요.

The Traveling Wilburys <Handle with Care>

밥 딜런, 조지 해리슨, 로이 오비슨, ELO의 제프 린 그리고 톰 페티까지. 프로젝트성 그룹이었던 '더 트래블링 윌버리스'는 참여한 멤버들의 면면이 그야말로 슈퍼 밴드였죠. 그들의 대표 히트곡이자 낙천성이 느껴지는 노래 <Handle with Care(1988)>입니다

The Cardigans <Gordon's Garden Party>

카디건스의 <Gordon's Garden Party(1995)>입니다. 가사에 등장하는 '얼음 잔에 뽀글뽀글한 핑크 샴페인' 같은 곡이에요. 기분 좋게 들뜬 느낌이 가득하죠.

Tobias Jesso Jr. <Without You>

캐나다 출신의 싱어송라이터 토비아스 제소 주니어의 데뷔 앨범 중 <Without You(2015)>입니다. 차갑고 맑은 가을날 같은 곡이지요. 이렇게 예쁜 멜로디를 만들어내는 능력은 축복 같습니다.

EVERFOR <氷咖啡>

언젠가부터 태국, 대만, 인도네시아 등지의 밴드들이 매력적인 음악으로 귀를 넓혀줍니다. 그들 특유의 느긋하고 낙천적인 느낌은 한국 겨울의 혹독함으로부터 잠시 벗어나게 하죠. 대만 밴드 에버포의 <氷咖啡(2018)>입니다. 아이스커피를 즐기기엔 조금 쌀쌀해졌지만요.

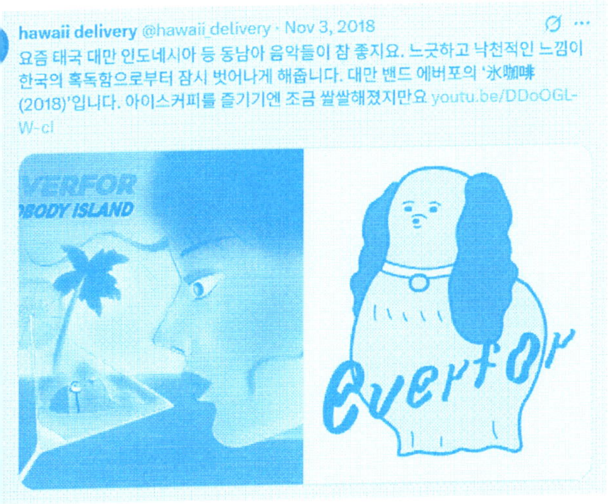

hawaii delivery @hawaii_delivery · Nov 3, 2018
요즘 태국 대만 인도네시아 등 동남아 음악들이 참 좋지요. 느긋하고 낙천적인 느낌이 한국의 혹독함으로부터 잠시 벗어나게 해줍니다. 대만 밴드 에버포의 '氷咖啡(2018)'입니다. 아이스커피를 즐기기엔 조금 쌀쌀해졌지만요 youtu.be/DDoOGL-W-cI
Everfor

Angel Olsen <Spring>

엔젤 올슨의 <Spring(2019)>입니다. 봄의 가운데서 듣는 봄 노래라기보다는 겨울이 저만치 다가올 즈음에 이미 지나가 버린 봄날을 그리워하는 무드의 곡이에요. 꿈꾸듯 아스라하죠.

Matteo Brancaleoni <This Is My Life>

어둑한 클럽보다 탁 트인 하늘 아래 듣고 싶은 곡이 있습니다. 정교하게 박자를 맞추기보다 느슨하고 엉성하게 춤을 추면서요. 바로 그런 곡, 이탈리아 가수 마테오 브란칼레오니의 <This Is My Life(2015)>입니다.

Nohelani Cypriano <Lihue>

하와이 뮤지션 노헬라니 사이프리아노의 <Lihue(1979)>입니다.
처음 들었을 땐 영어 가사로 된 일본 시티팝인가 했어요.
앨범의 무드를 만들어낸 작곡가이자 프로듀서 마이크 코드는
'노스탤지어가 어린 폴리네시안 훵크'라고 표현했다고 하네요.

Toro y Moi <Still Sound>

미국 뮤지션 토로 이 무아의 <Still Sound(2011)>입니다.
몽환적이고 리드미컬하면서도 무심하고 나른한, 묘한 분위기의
곡이죠. 춤추기에도 아주 좋아요.

hawaii delivery @hawaii_delivery · Nov 5, 2018
하와이 뮤지션 노헬라니 사이프리아노의 'Lihue(1979)'입니다. 처음 들었을 땐 영어 가사로 된 일본 시티팝인가 했어요. 앨범의 무드를 만들어낸 작곡가이자 프로듀서 마이크 코드는 '노스탤지어가 어린 폴리네시안 펑크' 라고 표현했다고 하네요
youtu.be/SgcCev5F1hA

Brian Eno & David Byrne <Strange Overtones>

음악에서 잘 사용된 어떤 소음들은 마치 우주가 움직이는 소리처럼 자연스럽고 적절하죠. 바로 이 곡에서처럼요. 브라이언 이노와 데이비드 번, 두 거장이 두 번째로 함께 만든 2008년 앨범 가운데 <Strange Overtones>입니다.

Mark Barrott <Brunch with Suki>

영국의 프로듀서이자 DJ인 마크 배럿의 <Brunch with Suki(2016)>입니다. 스페인의 휴양지 이비사에서 지낸 경험을 바탕으로 만든 연작 중 두 번째 앨범에 실렸어요. 새벽까지 잠들지 않는 파티 플레이스가 아니라, 평화로운 휴양지로서의 이비사로 데려가는 다운템포의 곡입니다.

고찬용 <거리풍경>

고찬용의 <거리풍경(1990)>입니다. 그가 이끌었던 보컬 팀 '낯선사람들'은 이소라 등의 뮤지션을 발굴해낸, 한국 대중음악계에 굉장한 충격을 몰고 온 음악 그룹이었지요. 그의 천재성이 드러나는, 지금 들어도 멋지고 멋진 곡입니다.

Jamiroquai <Cosmic Girl>

이 노래를 우연히 들은 어느 새벽이 아직도 기억납니다. 가사처럼 '다른 은하에서 온' 것 같던 곡이었고, 다음 날부터 자미로콰이의 음악들을 찾기 시작했죠. 1996년이었습니다.

<Cosmic Girl>

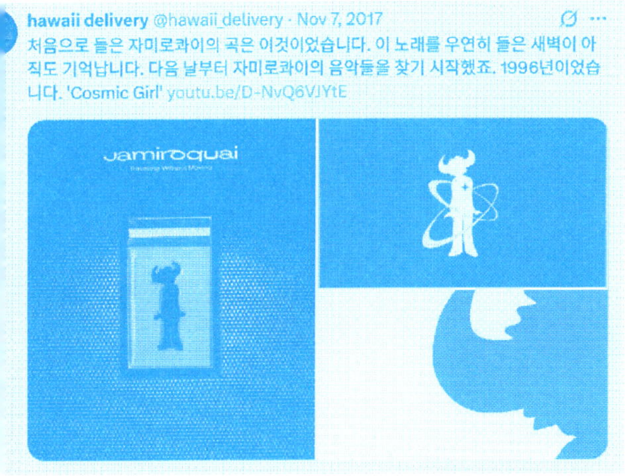

hawaii delivery @hawaii_delivery · Nov 7, 2017
처음으로 들은 자미로콰이의 곡은 이것이었습니다. 이 노래를 우연히 들은 새벽이 아직도 기억납니다. 다음 날부터 자미로콰이의 음악들을 찾기 시작했죠. 1996년이었습니다. 'Cosmic Girl' youtu.be/D-NvQ6VJYtE
Jamiroquai

Lauren Wood <Fallen>

줄리아 로버츠와 로버트 기어가 주연한 로맨틱 코미디 <귀여운 여인> 사운드트랙에는 좋은 팝이 참 많이 쓰였죠. 두 사람이 함께 오페라 <라 트라비아타>를 보러 가던 길에 흘러나오던 노래, 로렌 우드의 <Fallen(1981)>입니다.

George Michael <Kissing a Fool>

깊어가는 가을, 비가 내리는 밤에 들으면 더 어울릴 것 같네요. 조지 마이클이 만들고 부른 <Kissing a Fool(1988)>입니다. 달콤하고 매끄럽고 따뜻하죠.

Charlotte Gainsbourg <Dandelion>
샤를로트 갱스부르는 멋진 배우이자 아주 쿨한 뮤지션이기도 하죠. 이 노래 <Dandelion(2009)>을 처음 들었을 때부터 벡의 <Girl>과 어딘가 닮아 있다고 생각했는데, 곡이 수록된 《IRM》 앨범 전체에 작곡가이자 프로듀서인 벡의 색깔이 진하게 배어납니다.

Jamie Cullum <What a Difference a Day Made>
어떤 하루는 한 인생을 송두리째 바꾸어놓기도 합니다. 한 마리의 고양이가 다가온 날이나 한 사람과 처음으로 마주 보게 된 날이 그렇겠죠. 제이미 컬럼의 <What a Difference a Day Made(2003)>입니다.

ラジ <Hold Me Tight>

라지의 상큼한 사랑 노래 <Hold Me Tight(1977)>입니다. 꼭 안아달라는 가사에 어울리게, 가볍고 달콤한 디저트같이 흐르는 현악이 참 기분 좋아요.

Myrra Malmberg <Taxi Driver>

스웨덴 뮤지션 뮈라 말름베리의 <Taxi Driver(2003)>입니다. 뮤지컬 배우와 성우로도 활동하는데 스웨덴에서는 <알라딘>의 재스민이나 <인어공주> 에리얼 역의 목소리 더빙도 맡았다고 해요. 편안하게 들을 수 있는 보사노바 곡입니다.

Feist <Inside and Out>

비지스의 <Love You Inside Out>을 리메이크한 파이스트의 버전입니다. 너무 빠른 곡보다는 이런 리듬이 춤추기에 좋지요. 조금은 서늘한 듯한 파이스트의 보컬이 매력을 더합니다.

<Inside and Out(2004)>

Culture Club <Miss Me Blind>

영국 뉴웨이브 밴드 컬처 클럽의 <Miss Me Blind(1984)>입니다. 트렌드가 돌고 돈다는 게 이런 곡을 들으면 느껴져요. 보컬인 보이 조지는 그 시대의 아이코닉한 팝스타였죠.

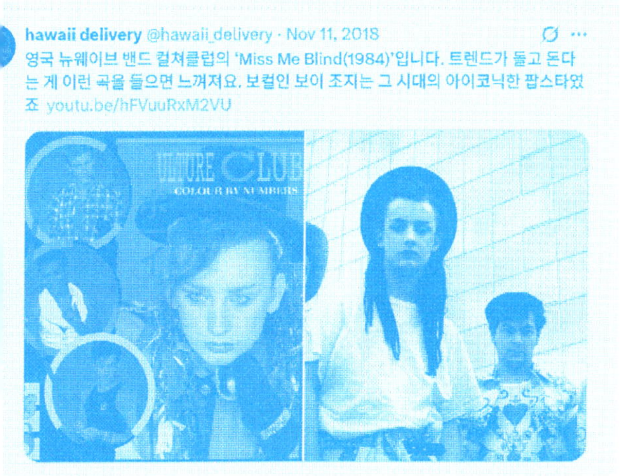

Scissor Sisters <I Don’t Feel Like Dancin’>

이런 음악에 맞춰서 춤추고 싶지 않은 기분이라고 노래하다니, 이보다 더한 거짓말은 없을 거예요. 그러고 보니 남성 멤버들이 대다수이면서 시저 시스터스라는 팀 이름도 역설적이네요. 언제 들어도 몸을 움직이게 만드는 <I Don’t Feel Like Dancin’(2006)>입니다.

Hard Life <Slow Motion>

영국 밴드 하드 라이프의 <Slow Motion(2018)>입니다. 낙천적이고 밝은 곡이지만 마냥 단순하지는 않아요. 아이디어가 많이 들어간 악기 사용, 예상을 빗나가는 진행이 기분 좋은 긴장감과 신선함을 이어갑니다. 밴드 이름이 원래 ‘이지 라이프’였는데 2024년에 지금과 같이 변경했다고 하네요.

Frank Ocean <Super Rich Kids>

프랭크 오션의 <Super Rich Kids(2012)>입니다. 묵직한 베이스와 세상에서 제일 느린 랩이 이 곡만의 분위기를 만듭니다. 멜로디가 아주 아름다운 곡이기도 하죠.

Ahmad Jamal <Soul Girl>

재즈 피아니스트 아마드 자말의 <Soul Girl(1973)>입니다. 일렉트릭 피아노 펜더 로즈 특유의 몽롱한 사운드가 조금 과하다 싶은데, 향 냄새가 가득한 공간을 거니는 것처럼 묘하게 명상적인 느낌이 있어 좋습니다. 유튜브에서 들을 수 있습니다.

Eddie Kendricks <Girl You Need a Change of Mind>

디안젤로의 커버곡도 매끈하지만 이 원곡에서는 뭔가 덜 다듬어진 에너지가 느껴져요. 악기들이 서서히 달려가기 시작하는 중반부터는 재즈 연주자들의 즉흥 연주를 듣는 것 같기도 하고요. 에디 켄드릭스의 길고 멋진 곡, <Girl You Need a Change of Mind(1972)>입니다.

Mallrat <For Real>

호주 브리즈번 출신 1998년생 싱어송라이터 몰래트의 <For Real(2016)>입니다. 노래할 때도 꼭 랩처럼 리드미컬하게 가사를 전달하는데 발음도 발성도 경쾌하고 매력 있어요.

Lauryn Hill <Doo Wop (That Thing)>

로린 힐의 <Doo Wop (That Thing)(1998)>입니다. 데뷔 싱글이 빌보드 차트 진입과 동시에 1위를 차지한 건 이 곡이 최초였죠. 지금 들어도 여전히 세련되게 느껴집니다.

John Cameron <Half Forgotten Daydreams>

영국 영화음악가 존 캐머론의 <Half Forgotten Daydreams(1973)>입니다. 키스 맨스필드와 함께 작업한 앨범 《Voices In Harmony》 수록곡이에요. 낭만적인 1970년대 사운드를 듣고 있으면 나른한 꿈을 꾸는 느낌이 듭니다.

Gotan Project <Queremos Paz>

아르헨티나의 탱고에 덥, 일렉트로니카를 결합해 독특한 사운드를 만들었던 고탄 프로젝트의 <Queremos Paz(2001)>입니다. 장중하면서도 도시적인 느낌이 비 내리는 가을날에 어울리네요. 제목은 '우리는 평화를 원한다'는 뜻입니다.

Cuco <Lava Lamp>

듣고 있으면 따뜻한 목욕물 속에 몸을 담근 것처럼 노곤하고 나른해지는 노래입니다. 미국 캘리포니아 출신 1998년생 뮤지션 쿠코의 <Lava Lamp(2017)>. 단순해서 더 미묘한 변화에 집중하게 되는 곡이에요.

Barry Manilow(ft. Sarah Vaughan) <Blue>

사라 본과 배리 매닐로의 <Blue(1984)>입니다. 《2:00 AM Paradise Cafe》는 매닐로가 베테랑 재즈 뮤지션들과 원 테이크로 녹음한 앨범인데, 늦가을 센티멘털의 정수 같죠.

Yvonne Elliman <If I Can't Have You>

영화 <토요일 밤의 열기> OST에 수록되었던 이본 엘리먼의 <If I Can't Have You(1977)>입니다. 엘리먼은 에릭 클랩튼의 백보컬로 활동했고 <지저스 크라이스트 슈퍼스타>로 브로드웨이에서 공연한 뮤지컬 배우이기도 하며, 무엇보다 하와이 출신인 여성 보컬이에요.

Henri Salvador <Une Chanson Douce>

나긋한 프랑스어 발음과 포근한 목소리가 공기를 덥힙니다. 좋은 꿈을 꾸게 해줄 자장가처럼 달콤한 노래, 앙리 살바도르의 <Une Chanson Douce(2004)>입니다.

Jamiroquai <Space Cowboy>

자미로콰이의 입지를 확실하게 했던 2집 앨범 타이틀곡 <Space Cowboy(1994)>입니다. 베이스라인이 참 매력적이죠. 오래전 뮤직비디오 속 제이케이는 더욱 가볍게 날아다니고요.

Westerman <Confirmation>

웨스터맨의 <Confirmation(2018)>입니다. 알란 파슨스 프로젝트 같은 분위기가 나지만 실은 피치포크에서 뽑은 2018년의 싱글 100곡 중에 꽤 높게 랭크된 노래죠. 어느 선 이상으로 절대 에너지를 발산하지 않지만, 더없이 충만합니다.

The RH Factor <Poetry>

재즈 트럼페터 로이 하그로브의 실험적 프로젝트인 RH 팩터의 앨범 중 <Poetry(2003)>입니다. 큐팁의 코맹맹이 랩과 에리카 바두의 빈 듯한 보컬이 제목과 잘 어울리지요.

Jamie Cullum <Mind Trick>

제이미 컬럼의 <Mind Trick(2005)>입니다. 피아노와 보컬로 재즈적인 터치를 화려하고도 장난스럽게 선보였던 이즈음의 다른 곡들에 비해 어이없을 정도로 순진한 팝이죠. 하지만 이 단순함에서 오는 즐거움은 결코 작지 않습니다.

Vashti Bunyan <Coldest Night of the Year>

첫눈이 내리는 날은 언제나 포근하죠. 가을의 문을 닫고 겨울의 문턱에 들어서려는 이 계절이 너무 혹독하지 않기를 바라며 바시티 버니언을 듣습니다. 1964년부터 67년까지 싱글과 데모를 묶은 앨범 《Some Things Just Stick in Your Mind(2007)》에서 <Coldest Night of the Year>는 동절기 버전의 비치 보이스 같아요.

Billy Joel <Rosalinda's Eyes>

피아노맨 빌리 조엘의 <Rosalinda's Eyes(1978)>입니다. 자신의 어머니인 로절린드 조엘을 향한 애정을 담아 만들고 불렀던, 부드럽고 다정한 노래예요.

Antonio Carlos Jobim <Wave>

아마도 태양과 바다를 담은 음악의 원형 같은 곡이 아닐까요. 어느 계절, 어떤 날씨에 듣든 3분 동안 브라질이 펼쳐지는 곡. 안토니우 카를루스 조빙의 <Wave(1967)>입니다.

Earth, Wind & Fire <That's the Way of the World>

거대한 배를 타고 노을이 지는 바다로, 또는 하늘로 천천히 나아가는 듯한 곡이지요. 어스 윈드 & 파이어의 아름다운 노래 <That's the Way of the World(1975)>입니다. 그루브하면서도 관조적일 수 있다는 게 신기해요.

King Krule <The Noose of Jah City>

이 곡을 들을 때면 불빛들이 하나둘 켜지고 하얀 입김이 점점 선명하게 피어오르는 도시의 저녁이 떠올라요. 킹 크룰의 <The Noose of Jah City(2011)>입니다.

Basia <Third Time Lucky>

바시아의 명반이죠. 《The Sweetest Illusion(1994)》 중에서 <Third Time Lucky>입니다. 목소리도, 건반이나 기타를 비롯한 모든 악기들의 톤도 끈끈한 데가 하나 없이 참 청량합니다. 휘파람까지 기분 좋게 거들구요.

Sean Lennon <Into the Sun>

션 레논의 나른한 보컬과 사뿐한 리듬이 교차하는 <Into the Sun(1998)>입니다. 치보 마토의 하토리 미호가 피처링했는데 일렁이며 퍼져 나가는 햇살의 결을 화음으로 만든 것 같군요.

Arthur Verocai <Pela Sombras>

브라질 뮤지션 아르투르 베로카이의 <Pela Sombras(1972)>입니다. 질감이 조금씩 다른 관악기들이 바통을 이어받듯 만들어내는 풍부한 드라마가 아름다운 곡이죠. 제목은 포르투갈어로 '그 그림자들'이라는 뜻이라고 해요.

Kristen Bell <Love Is an Open Door>

디즈니 애니메이션 <겨울왕국> OST 중에서 <Love Is an Open Door(2013)>입니다. 첫눈에 반해 사랑에 빠진 연인들의 귀여운 노래죠. 물론 처음 만난 사람과 결혼을 약속해선 안 된다는 건 이 노래를 부른 커플이 곧 깨진다는 걸 보면 알 수 있습니다.

TEMPOREX <Nice Boys>

미국 샌디에이고 출신 뮤지션 템포렉스의 첫 앨범 중에서 <Nice Boys(2017)>입니다. 둔중한 드럼 파트 위로 떨어지는 잘그랑거리는 소리들, 그리고 힘 뺀 보컬이 순식간에 마음을 간지럽히는 매력적인 곡이에요.

Pulp <Disco 2000>

어떤 노래들은 태어난 시대의 공기를 훅 불러오곤 하고, 그래서 영원한 빛 속에 살아갑니다. 이 노래는 곧 1990년대 런던의 낙관 혹은 낭만과 동의어가 아닐까요? 펄프의 <Disco 2000(1995)>입니다.

Chrissie Hynde <I Wish You Love>

참으로 많은 버전이 있지만 오늘은 크리시 하인드의 <I Wish You Love(1999)>를 골랐습니다. 묘한 매력이 있는 영화 <아이 오브 비홀더>의 OST였지요. 외모만큼이나 잊기 힘든 목소리입니다. 유튜브에서 들을 수 있습니다.

Nick Drake <One of These Things First>

20대에 세상을 떠난 뮤지션들의 음악을 들을 때면 언제나 슬픈 가정을 해보게 됩니다. 이들이 좀 더 오래 세상에 존재했다면, 하고요. 닉 드레이크의 이 아름다운 곡은 '~할 수 있었을 텐데' 하고 반복되는 가사 때문에 더욱 그래요. <One of These Things First(1971)>입니다.

Michael Seyer <Lucky Love>

느릿하고 느긋하고 편안해서 듣다 보면 졸리기도 한 로파이 사운드예요. 좀 서툰 보컬도 옛날 사랑 노래 같은 분위기에 잘 어울리지요. 마이클 세이어의 <Lucky Love(2018)>입니다.

Richard "Groove" Holmes <Misty>

오늘도 재즈 스탠더드 넘버를 좀 다른 버전으로 들어볼까요. 미들네임으로 더 유명한 오르가니스트 리처드 "그루브" 홈즈의 <Misty(1965)>입니다. 익숙한 멜로디를 데리고 멀리까지 다녀오는데 즐겁게 동행하게 됩니다.

Thundercat <Show You the Way>

썬더캣의 《Drunk(2017)》 앨범 중 마이클 맥도널드와 케니 로긴스가 함께한 곡 <Show You the Way>입니다. 이 세 명의 조합만으로도 흥미로운데, 결과물 또한 올드스쿨 같으면서도 새롭습니다.

Bobby Caldwell <My Flame>

바비 콜드웰의 <My Flame(1978)>입니다. 조금은 엷은 우수와 네온이 교차하는 것 같은 도시의 밤이 떠오르는 정서를 담고 있죠. 요즘처럼 부쩍 일찍 어두워지는 날에 어울립니다.

Barry White <Never, Never Gonna Give Ya Up>

배리 화이트의 <Never, Never Gonna Give Ya Up(1973)>입니다. 매번 들을 때마다 낮게 깔리던 단음계의 멜로디가 몇 계단을 올라가 밝은 수면 위로 나오며 장조로 바뀌는 대목의 쾌감이 있어요.

Preta Gil <Espelhos D'agua>

브라질의 가수이자 배우 프레타 지우의 <Espelhos D'agua(2003)>입니다. 일렁이는 자동차 불빛이 연상되는 매력적인 곡이지요. 제목은 포르투갈어로 '물의 거울'이라는 뜻이라고 합니다.

Heatwave <Happiness Togetherness>

히트웨이브의 <Happiness Togetherness(1978)>입니다.
포근한 화음 때문인지 따뜻한 단어들을 나열하는 노랫말
덕분인지 한 해의 끝으로 향해 가는 계절에 듣기 좋아요.

Anita Baker <Caught Up in the Rapture>

1980년대 R&B의 정수를 담은 아니타 베이커의 명반
《Rapture(1986)》 중에서 <Caught Up in the Rapture>입니다.
중저음부터 고음까지 넓은 음역대를 자유롭게 오가는 힘있는
목소리, 무게감 있는 템포가 정말 매력적이죠.

Nick Hakim <I Don't Know>

의도적으로 밸런스를 일그러뜨리는 듯 과장된 사운드가 묘한 공간감을 만들어냅니다. 그 안을 흘러 다니는 공기가 어쩐지 따뜻하게 느껴져요. 닉 하킴의 <I Don't Know(2014)>입니다.

Ice Choir <Cut Down the Tree>

12월이 되기 전인데도 이미 크리스마스 분위기는 살금살금 다가와 있습니다. 어느 부지런한 거실에는 벌써 트리가 준비되어 있겠죠. 캐럴 아닌 캐럴 같은 아이스 콰이어의 <Cut Down the Tree(2014)>입니다. 유튜브에서 들으실 수 있습니다.

Okey Dokey <Wavy Gravy>

내슈빌 출신의 밴드 오키도키의 사랑 노래 <Wavy Gravy(2017)>입니다. 멜로디나 코드 진행, 빈티지한 사운드가 꼭 60년대 팝을 듣는 것 같아요. 푸근하고 사랑스럽죠.

겨울

선우 겨울에는 음악적 대명절이 있죠, 크리스마스라는. 본격적인 캐럴이 아니더라도, 연말의 따뜻함을 떠올리게 만드는 곡들을 자주 듣게 되는 것 같아요. 마음의 체온을 확실하게 올려주는 필승 선곡의 노래들이 있지 않나요?

하나 맞아요, 그맘때면 정서적 체온 유지를 위해서 꼭 찾아서 듣게 되는 곡들이 있죠. 가을에는 외투가 필요했다면, 겨울에는 본격적인 모닥불이나 털장갑이 필요해집니다. 봄은 피어오르고, 여름은 달려가거나 발산하고, 가을은 바람이 불어온다면 겨울은 따뜻한 실내 같은, 안으로 둥글게 응축되는 느낌이 있어요. 시럽 계열의 달콤한 곡도 종종 등장하고요. 색깔로 치자면 음악에서 '황금색' '꿀빛' 같은 것이 자주 연상되네요.

선우 반짝이는 은빛 미러볼이 떠오르는 신나는 댄스 음악도 겨울에 빠질 수 없는 선곡이죠. 일 년에 한두 번 만나는 사람들의 모임, 자주 만나는 친구들과의 송년회가 몰려 있는 시즌이라 파티를 위한 노래들도 골라 듣게 되니까요.

하나 또 흥미로운 건 12월에는 따뜻한 마무리 같은 곡들, 1월에는 희망찬 새출발 같은 곡들이라면 2월에는 미세한 봄기운이 조금씩 스며들기 시작한다는 거예요. 꽃 소식 지도와 비슷하달까.

선우 음악 선곡은 농사 같은 것이네요, 절기를 충실하게 따르는.

하나 세상에. 음악도 제철 음악을 찾아 듣는 거였군요! 하루하루 선곡할 때는 몰랐는데 모아놓고 책으로 정리하다가 알게 된 것들이 참 많아요. 기록의 힘이란 대단하구나 싶기도 하고, 우리라는 개인이 계절의 흐름, 우주의 움직임 속에서 참 작은 존재들이구나 하는 생각도 들고요.

선우 그런 작은 존재라는 감각이 싫지 않죠. 인류가 쌓아온 거대하고 멋진 세계, 음악이라는 데이터베이스 속에서 행복하게 헤엄칠 수 있는 가능성이 있으니까요. 우리가 들을 수 있는 음악이 앞으로도 무한히 많잖아요.

하나 900곡 넘게 하와이 딜리버리 리스트를 쌓아왔지만 여전히 '이 노래를 아껴뒀다 아직 못 올렸는데...' 싶었던 곡들이 있어요. 이 리스트를 매일 업로드하는 루틴이 다시 시작될 수도 있을까요?

선우 그럼요. 그날에 어울리는 음악을 골라서 함께 듣고 이야기를 나누는 일은 평생 질리지 않을 것 같아요.

조용필 <단발머리>

이 연주로는 처음 듣는 분들이 많을 거예요. 온 국민이 다 알 조용필의 명곡 <단발머리(1980)>의 1991년 베스트 앨범 수록 버전입니다. 상큼하고 풋풋해요.

Ronny Jordan <No Pay, No Play>

<No Pay, No Play(2001)> 로니 조던이 제목만큼이나 호쾌하고 단도직입적인 연주를 들려줍니다. 분석적이고 은근한 리듬감이 있는 곡도 좋지만 가끔은 박력 있게 리듬을 타는 그의 연주가 듣고 싶어져요.

MGMT <Congratulations>

이렇게 쓸쓸한 축하곡이 있을까요? 희열의 한가운데보다는 몽롱한 언저리, 혹은 환희가 한풀 꺾인 후의 애틋한 작별 인사처럼 느껴지는 곡이죠. MGMT의 <Congratulations(2010)>입니다.

Vince Guaraldi Trio <Linus and Lucy>

해마다 12월이면 가장 많이 듣는 앨범 중 하나죠. 빈스 과랄디 트리오의 《A Charlie Brown Christmas(1965)》 중에서 경쾌한 재즈 피아노 곡 <Linus and Lucy>입니다. 피너츠 친구들이 눈밭에서 뛰어노는 풍경이 그려져요.

hawaii delivery @hawaii_delivery · Dec 3, 2018
해마다 12월이면 가장 많이 듣는 앨범 중 하나죠. 빈스 과랄디 트리오의 <A Charlie Brown Christmas(1965)> 중에서 경쾌한 재즈 피아노 곡 'Linus And Lucy' 입니다. 피너츠 친구들이 눈밭에서 뛰어노는 풍경이 그려져요 youtu.be/x6zypc_LhnM
THE ORIGINAL SOUND TRACK RECORDING OF THE CBS TELEVISION SPECIAL
A CHARLIE BROWN CHRISTMAS
VINCE GUARALDI TRIO

Barbra Streisand(ft. Barry Gibb) <Guilty>

바브라 스트라이샌드와 비지스의 배리 깁이 함께 낸 앨범 《Guilty(1980)》의 타이틀곡입니다. 1980년대의 좋았던 것들만 떠올리게 하는 곡이에요.

Sebastian Roca <You>

호주 뮤지션 세바스찬 로카의 <You(2017)>입니다. 어릴 적 엄마가 크리스마스 선물로 준 기타로 조용히 곡을 써왔다고 해요. 보사노바와 라틴 재즈의 영향이 골드코스트의 바람과 섞여 투박한 듯 싱그러운 곡을 만들어냅니다.

카더가든 <너의 그늘>

카더가든의 <너의 그늘(2016)>입니다. 인상적인 인트로에 이어지는 독특한 보이스 컬러가 빠르게 귀를 사로잡죠. 그러나 서두르지 않는 속도와 차분한 거리감이 이 곡의 매력을 더합니다.

Goldfrapp <Black Cherry>

너무 많이 드러내는 태도에는 관능이 깃들기 힘들죠. 끝까지 컨트롤을 잃지 않으며 긴장 속에 미묘하게 다가오는 골드프랩의 <Black Cherry(2003)>입니다.

JMSN <So Badly>

싱어송라이터이자 프로듀서, 뮤직비디오 감독이기도 한 제이머슨의 <So Badly(2018)>입니다. 간절하게 사랑을 갈구하는 내용처럼, 늦은 밤에 어울리는 끈적한 그루브가 흐르는 곡이에요.

MIKA <Relax, Take It Easy>

반면 모든 것을 드러내는 듯한 발산형 매력도 있지요. 총천연색 바지를 입고 외계에서 날아온 것 같았던 뮤지션 미카의 <Relax, Take It Easy(2007)>입니다.

El DeBarge <Can't Get Enough>

엘 드바지의 <Can't Get Enough(1994)>입니다. 적당한 템포에 부드러운 보컬과 듣기 좋은 멜로디. 낮이든 저녁이든 나른할 때든 신이 날 때든 아, 좋구나 하게 되는 곡이에요.

Stereolab <Lo Boob Oscillator>

영국 밴드이기는 해도 보컬인 래티시아 사디에가 프랑스어로 노래를 했기 때문에 프렌치 팝 무드가 물씬 배어나죠. 스테레오랩의 귀엽고 레트로한 곡 <Lo Boob Oscillator(1993)>입니다.

Kate Bollinger <Untitled>

케이트 볼린저의 <Untitled(2019)>입니다. 편안하게 긴장을 풀어주는 보컬과 영롱한 기타 톤이 기분 좋아요. 드럼과 베이스에 귀를 기울이면 꽤나 쫀쫀한 리듬감을 즐길 수 있기도 하고요.

Polaris <深呼吸>

일본 밴드 피시만즈의 후신이라 할 수 있는 폴라리스의 <深呼吸(2003)>입니다. 베이시스트 가시와바라 유즈루의 색깔이 면면이 이어집니다. 동물 일러스트가 그려진 앨범 재킷들도 참 예쁘지요.

Jakob <Velvet Light>

최근에는 퍼스트 네임만으로 활동하는 제이콥 오가와의 달콤하게 녹아내리는 듯한 노래 <Velvet Light(2018)>입니다. 귓전을 간지럽히는 목소리가 은은한 조명을 켜둔 것 같아서, 자정 무렵의 늦은 겨울밤에 어울리지요.

Yung Bae <Laa La Laaa>

영 배라는 이름으로 활동하는 미국 포틀랜드 출신 뮤지션 댈러스 코튼의 <Laa La Laaa(2019)>입니다. 움츠러들게 추운 날에는 이렇게 경쾌한 햇살 같은 곡이 필요해요.

Lamp <今夜も君にテレフォンコール>

일본 밴드의 청신한 곡을 하나 더 들어볼까요. 램프의 <今夜も君にテレフォンコール(2005)>입니다. '오늘 밤도 너의 목소리가 듣고 싶어서 전화했어' 하는 노랫말처럼 간질간질한 청춘의 바이브가 느껴져요.

Paul McCartney <Wonderful Christmas Time>

크리스마스 음악으로 온기를 더해봅니다. 폴 매카트니의 윙스 시절 솔로 프로젝트 앨범에 수록된 사이키델릭하고 귀여운 곡 <Wonderful Christmas Time(1979)>입니다. 아내 린다를 비롯한 멤버들은 뮤직비디오에만 출연했다고 해요.

Diana Ross <Ain't No Mountain High Enough>

세상에 이보다 더 뜨거운 노래는 흔치 않을 겁니다. 다이애나 로스의 <Ain't No Mountain High Enough(1970)>. 디트로이트 심포니 오케스트라와 로스의 보컬이 휘몰아치는 4분 19초부터의 2분간은 정말로 그 어떤 높은 산도 넘을 수 있을 것 같죠.

Shanice <I Love Your Smile>

샤니스의 최대 히트곡이었던 <I Love Your Smile(1991)>입니다. 색소폰은 브랜포드 마살리스가 맡았고, 마지막엔 자넷 잭슨의 웃음소리도 나옵니다. 1990년대스러운 흥겨움이 그대로 담겨 있죠.

Cigarettes After Sex <K.>

음악이 고요하다고 하면 형용모순이겠지만, 이 노래의 고요함은 가슴을 쿵 치는 것 같습니다. 성별을 짐작하기 힘든 보컬의 모호함도 매력을 더하죠. 시가렛 애프터 섹스의 <K.(2016)>. 담배 연기처럼 입김이 번지는 겨울밤에 추천합니다.

Zhané <Crush>

1990년대 활동했던 여성 듀오 자네이의 <Crush(1997)>입니다. 충분히 감미롭지만 지나치게 치명적인 척은 하지 않는 쿨한 태도가 좋아요.

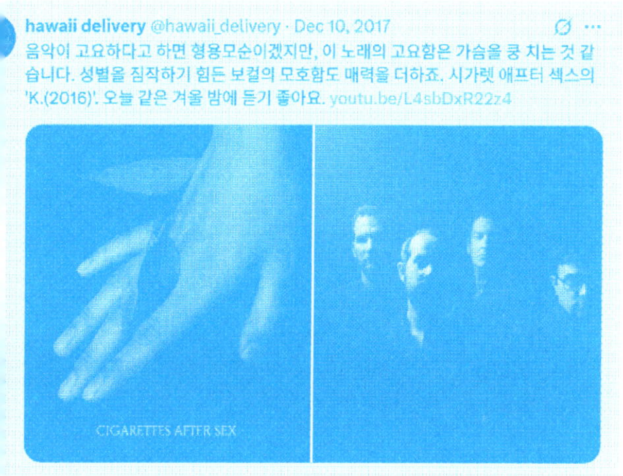

hawaii delivery @hawaii_delivery · Dec 10, 2017
음악이 고요하다고 하면 형용모순이겠지만, 이 노래의 고요함은 가슴을 쿵 치는 것 같습니다. 성별을 짐작하기 힘든 보컬의 모호함도 매력을 더하죠. 시가렛 애프터 섹스의 'K.(2016)'. 오늘 같은 겨울 밤에 듣기 좋아요. youtu.be/L4sbDxR22z4
CIGARETTES AFTER SEX

Steve Lacy <Ryd>

디 인터넷의 기타리스트 스티브 레이시의 솔로 앨범 중에서 <Ryd(2017)>입니다. 2분 남짓의 짧은 곡이지만 시작되는 비트와 기타의 조합만으로도 이미 예사롭지 않은 매력이 드러납니다.

Ibrahim Ferrer <Dos Almas>

이 쿠바 가수의 주름지고 연기 자욱한 음성이, 어떤 반짝이는 새것보다 추운 날 얼어붙은 마음을 위로해주는 것 같습니다. 두 개의 마음이라는 뜻을 가진 <Dos Almas>는 이브라임 페레르의 유작 앨범 《Mi Sueño(2007)》의 첫 트랙이지요.

Ella Fitzgerald <All the Things You Are>

한파주의보가 내릴 즈음, 음악으로 모닥불을 피워봅니다. 엘라 피츠제럴드의 <All the Things You Are(1963)>. 모서리라곤 하나도 없는 듯 부드럽고 따스한 그녀의 목소리는 특히 겨울이면 더 그리워지지요.

Arlo Parks <Super Sad Generation>

알로 파크스의 <Super Sad Generation(2017)>입니다. 영국 출신의 2000년생 시인이자 음악가라고 해요. 나직한 목소리로 '우리는 초슬픈 세대'라고 노래하는데 서늘하게 매력적입니다.

Michelle Pfeiffer <Makin' Whoopee>

잊을 수 없는 음악 영화 <사랑의 행로(1989)>에서는 노래하는 미셸 파이퍼를 실컷 볼 수 있습니다. 그녀가 재즈 보컬리스트로 출연하기 때문이죠. 간결한 피아노 반주에 파이퍼의 목소리로 듣는 <Makin' Whoopee>입니다.

Sugar Candy Mountain <Sucette>

슈거 캔디 마운틴의 <Sucette(2018)>입니다. 선물의 리본을 풀고 포장을 여는 과정처럼, 여러 단계로 바뀌어 나가며 끝까지 기대감을 품게 하는 재미가 있는 곡이에요.

Iron & Wine <New Mexico's No Breeze>

인디 포크 뮤지션 아이언 & 와인의 <New Mexico's No Breeze(2013)>입니다. 현악과 피아노, 기타가 사뿐사뿐 만들어가는 리듬과 부드러운 목소리가 적당한 온도의 바람결처럼 기분 좋은 곡이죠.

Ray Charles & Betty Carter <Baby, It's Cold Outside>
수많은 듀엣이 다시 불렀지만 레이 찰스와 베티 카터의 이 버전만큼 느긋하게 간질간질한 곡은 없어요. 집에 가야 한다며 나서는 여자와 바깥이 추우니 좀 더 머무르라고 조르는 남자의 실랑이가 펼쳐지는 <Baby, It's Cold Outside(1961)>입니다.

Blossom Dearie <I Wish You Love>
블로섬 디어리가 부르는 <I Wish You Love(1964)>입니다. 가볍고 천진한 버전이죠. 추운 날 밖에서 떨다가 들으면 몸 안에 작은 불씨가 따뜻하게 켜지는 느낌입니다.

Winter & Triptides <Desaparecidos>

윈터 & 트립타이즈는 브라질 뮤지션 사미라 윈터와 밴드 트립타이즈의 글렌 브릭맨이 함께한 듀오 프로젝트입니다. <Desaparecidos(2018)>라는 제목은 스페인어로 '실종자들'이라고 하네요. 햇살이 쏟아지는 바르셀로나 해변 같은 곡이에요.

Carol Welsman <You Take Me Away>

캐나다의 가수이자 피아니스트 캐럴 웰스먼의 <You Take Me Away(2003)>입니다. 이상하게 겨울낮에도 잘 어울리고 여름밤에도 잘 어울릴 듯한 곡이죠. 언제 듣든 가볍게 날아오르는 느낌이 들 테고요.

Paul McCartney & Wings <My Love>

4분짜리 난로를 찾는다면, 바로 이 곡입니다. 폴 매카트니 & 윙스의 <My Love(1973)>는 언제 들어도 참 예쁜 사랑 노래예요. 그와 린다의 모습들이 겹쳐서 더 그런지도 모르겠습니다.

John & Yoko <Happy Xmas (War Is Over)>

캐럴이 많이 들려오는 시즌입니다. 사랑과 평화, 따뜻함에 대해 조금 더 이야기해도 좋은 계절이지요. 존 레논과 오노 요코가 함께한 더 플라스틱 오노 밴드의 크리스마스 송가 <Happy Xmas (War Is Over)(1971)>입니다.

The Delfonics <Didn't I (Blow Your Mind This Time)>

필라델피아 소울, 필리 소울이라 불리는 장르를 특히 좋아합니다. 그중 주요한 음악 그룹인 델포닉스의 <Didn't I (Blow Your Mind This Time)(1970)>입니다. 캐럴도 아닌데 이 곡을 들으면 왠지 연말 느낌이 나요.

Jamie Cullum <Singin' in the Rain>

제이미 컬럼의 <Singin' in the Rain(2003)>입니다. 빗속이라지만 어째선지 눈이 가득 쌓인 풍경이 떠오르는 곡이에요. 종소리가 들릴 것 같기도 하고요.

akiko <Before Dawn>

일본 가수로는 처음으로 재즈 전문 레이블 버브 레코드에서 음반을 내기도 한, 아키코의 <Before Dawn(2003)>입니다. 눈이 내려 풍경이 고요한 날에 특히 어울릴 듯하네요. 느릿하고 부드러운 곡입니다.

BENEE <Blu>

뉴질랜드 출신 싱어송라이터인 베니의 <Blu(2019)>입니다. 가성이 많이 들어간 보컬도 기타 사운드도, 상쾌하고 기분 좋은 바람의 일부 같아요.

hawaii delivery @hawaii_delivery · Dec 18, 2019
이제 2000년생 뮤지션의 노래를 듣게 되네요. 뉴질랜드 출신 싱어송라이터인 베니의 'Blu(2019)'입니다. 가성이 많이 들어간 보컬도 기타 사운드도, 시원하고 기분좋은 바람의 일부 같아요 youtu.be/iUILXkkaAp4

Xavier Cugat and His Orchestra <Perfidia>

뜨겁고 습한 공기를 훅 불러오는 것 같은 사비에르 쿠가트와 그의 오케스트라의 연주곡 <Perfidia(1940)>입니다. 어디선가 초록 사이로 왕가위 영화 속 주인공들이 느릿하게 걸어올 것 같죠.

언니네 이발관 <아름다운 것>

해체를 선언하기 전의 언니네 이발관, 이석원과 이능룡이 함께 만든 참 아름다운 노래죠. <아름다운 것(2008)>입니다. “그대의 익숙함이 항상 미쳐버릴 듯이 난 힘들어.”

Carmen McRae <Don't You Worry 'Bout a Thing>
스티비 원더의 원곡을 카르멘 맥래가 다시 부릅니다. <Don't You Worry 'Bout a Thing(1982)> 2분 10초쯤부터, 반음계씩 내려가는 유명한 부분을 두 번째로 할 때는 멋대로 불러버리는데 그게 또 참 좋죠. 칼 제이더의 비브라폰과 라틴 리듬이 함께합니다.

Burt Bacharach <South American Getaway>
버트 바카락이 음악을 만든 영화 <내일을 향해 쏴라(1969)> 사운드트랙 가운데서 경쾌한 연주곡 <South American Getaway>입니다. 마치 여러 파트의 관악기 소리처럼 다양한 음색을 가진 코러스의 스캣이 화려해요.

Sunset Rollercoaster <My Jinji>

대만 밴드 선셋 롤러코스터의 <My Jinji(2016)>입니다.
부서지는 석양처럼 말랑하고 나른하면서도 롤러코스터를 타는 듯한 낙차의 폭도 느껴지는 음악이에요.

The Manhattan Transfer <I Know Why (And So Do You)>

겨울이면 손이 가는 맨해튼 트랜스퍼의 앨범 중 아주 우아하고 감미로운 곡 <I Know Why (And So Do You)(1997)>입니다.
한겨울에 이미 봄처럼 녹아버린 연인들의 이야기예요.

She & Him <Mele Kalikimaka>

하와이에서도 크리스마스에는 캐럴을 들으며 특별하게 기념하겠죠. 배우이기도 한 조이 디샤넬과 인디 포크 뮤지션 M. 워드의 듀오인 She & Him의 <Mele Kalikimaka(2016)>입니다. 제목은 하와이어로 '메리 크리스마스'라고 해요. 따스한 해변에서 보내는 크리스마스에 어울리는 노래입니다

빛과 소금 <오래된 친구>

빛과 소금의 <오래된 친구(1994)>는 장기호와 박성식 두 멤버의 우정에 대한 곡입니다. 좀 과하게 쓰여 목소리를 일그러뜨리는 보코더에서 그 시절의 음악적 실험 또는 패기가 느껴져요.

Fleet Foxes <Lorelai>

해마다 옷장 속 털모자를 다시 꺼낼 계절이면 떠오르는 포크 밴드 플릿 폭시스의 <Lorelai(2011)>입니다. 사랑스러운 왈츠 리듬에 얹은 멜로디, 풍부한 화음과 사운드가 따뜻하게 들려요.

Barrie <Darjeeling>

배리 린제이의 솔로 프로젝트인 배리의 참 예쁜 곡 <Darjeeling(2019)>입니다. 로케이션이나 카메라 워크가 어딘가 웨스 앤더슨을 떠오르게 하는 뮤직비디오도 귀엽습니다.

Billie Holiday <Easy Living>

사랑에 빠졌을 때, 사는 건 쉬워집니다. 오직 그 사람만이 중요하니까요. 빌리 홀리데이가 노래하고 테디 윌슨과 오케스트라가 연주한 <Easy Living(1949)>의 가사처럼 말입니다. 크리스마스 무렵을 배경으로 한 영화 <캐롤>에서 잊을 수 없는 방식으로 쓰였던 곡이죠.

James Taylor <Your Smiling Face>

제임스 테일러의 <Your Smiling Face(1977)>입니다. 상대의 미소 짓는 얼굴을 볼 때마다 나도 따라 웃게 되는, 기쁨으로 들뜬 마음을 노래하는 곡이죠. 많이 웃는 크리스마스 보내시길 바랍니다.

Wham! <Last Christmas>

가장 좋아하는 크리스마스 노래 중 하나입니다. 왬!의 <Last Christmas(1984)>. 역시 조지 마이클이 작곡했고, 인트로부터 80년대의 정수가 담긴 것 같죠.

Boyz II Men <Let It Snow>

굉장했던 데뷔 앨범에 이어 보이즈 투 멘이 두 번째로 내놓은 건 의외로 크리스마스 앨범이었죠. 그중 <Let It Snow(1993)>입니다. 그들만의 묵직하고 아름다운 하모니가 눈처럼 내려와 덮이는 느낌이에요.

Raveena <No Better>

라비나 오로라의 <No Better(2017)>입니다. 뉴욕 퀸스에 베이스를 두고 있지만 시크교 전통 속에 성장했다고 해요. 첫 EP 제목이 평화를 의미하는 《Shanti》인 것도 그런 이유일까요. 노래는 인도 문화의 영향이 느껴지기보다 평범하게 달콤한 소울 팝이지만요.

Rigmor Gustafsson & Nils Landgren <I Will Wait for You>

리그모르 구스타브손과 닐스 란드그렌의 듀엣 앨범에 수록된 <I Will Wait for You(2003)>입니다. <쉘부르의 우산> 영화음악으로 잘 알려진 그 곡인데, 특유의 구슬픈 멜로디를 다독이는 리듬감이 좋아요.

Cehryl <Knock on Wood>

홍콩에서 나고 자라 버클리 음대에서 공부한 뮤지션 셰릴의 <Knock on Wood(2016)>입니다. 중간중간 등장하는 박수 소리에 집중하고 있으면 어쩐지 마음이 편안해져요. 부드러운 그루브 속에 이완하고 싶을 때 추천합니다.

Whitney <Polly>

미국 시카고 출신 인디 밴드 휘트니의 <Polly(2016)>입니다. 드러머 줄리언 얼릭의 가늘고 높은 목소리가 트럼펫과 뒤섞이며 향수 같은 아련함을 불러옵니다.

Amy Winehouse <Help Yourself>

가슴 아픈 요절과는 별개로, 언제나 거침없고 쿨한 이미지로 먼저 떠오르는 에이미 와인하우스의 <Help Yourself(2003)>입니다. 데뷔 앨범에 수록된 느긋하고 멋진 곡이죠.

F. R. David <Words>

F. R. 데이비드의 최대 히트곡이자 1980년대의 클래식인 <Words(1982)>입니다. 영화 <콜 미 바이 유어 네임(2018)>에 삽입되기도 했죠. “Words don’t come easy”로 시작하는 도입부는 무척이나 중독성이 강해서 노래를 한번 들으면 계속 흥얼거리게 됩니다.

Arcade Fire <Everything Now>

한 해를 지나쳐 간 사건과 사람, 감정과 기억들을 돌아보게 되는 시기입니다. 그 모든 걸 껴안고 잘 버텨온 스스로를 칭찬해주어도 괜찮겠지요. 아케이드 파이어의 커다란 파티 같은 곡 <Everything Now(2017)>입니다.

Lionel Richie <All Night Long>

밤새 음악을 틀고 춤을 추자는 흥건한 파티 송도 죄책감 없이 어울릴 법한 요즘입니다. 쉽지 않은 한 해를 또 보낸 연말이니까요. 라이오넬 리치의 <All Night Long(1983)>입니다.

Yambu <Sunny>

보니 엠 버전으로도 유명한 팝 넘버를 살사 스타일로 편곡한, 얌부의 <Sunny(1975)>입니다. 미국 말고 중남미의 따가운 햇살이 신나게 쏟아져 내리는 것처럼 흥겨운 곡이에요.

Orange Joe <Little Man>

미국 켄터키 출신의 원맨 밴드, 오렌지 조의 <Little Man(2018)>입니다. 나른하고 몽롱한 사운드는 추운 겨울날 한 모금 마시는 버번위스키 같아요. 유튜브에서 들을 수 있습니다.

James Taylor <Don't Let Me Be Lonely Tonight>

바쁜 연말을 보내다가도 어느 순간에는 쓸쓸한 느낌이 들곤 하죠. 그럴 때 어울리는 서정적인 곡, 제임스 테일러의 <Don't Let Me Be Lonely Tonight(1972)>입니다. 가늘고 명료한 목소리가 꼭 그의 기타 소리 같죠.

Pooh <Fantasia>

어쿠스틱 기타 연주와 뜻 모를 이탈리아어 발음이 아름답게 들리는 아트록 밴드 푸의 <Fantasia(1975)>입니다. 차가운 공기를 들이마시며 따뜻한 꿈을 꾸는 느낌이 드는 노래예요.

The Manhattan Transfer <Sing Moten's Swing>

목소리만으로 굉장한 하모니와 리듬감을 들려주는 맨해튼 트랜스퍼의 <Sing Moten's Swing(1997)>입니다. 이 곡이 포함된 《Swing》 앨범은 통째로 겨울에 아주 잘 어울려요. 두꺼운 코트에 목도리를 칭칭 감고도 몸을 까딱이고 싶게 만들죠.

Brad Stank <Flirting in Space>

영국 리버풀 출신 뮤지션 브래드 스탱크의 <Flirting in Space(2017)>입니다. 거의 뭉개질 듯이 웅웅대는 저음의 보컬, 느릿한 템포의 리듬을 듣고 있으면 어딘가 웃기면서 동시에 슬프기도 한 무중력 상태의 움직임 같은 게 떠올라요.

아소토유니온 <Think About' Chu>

한 해의 마지막 곡으로 아소토유니온의 멋진 노래 <Think About' Chu(2003)>를 골라봅니다. "수많은 밤을 함께 보낸 우리들에게 다가오는 아름다운 날들."

Julie Delpy <A Walts for a Night>

영화 <비포 선셋> OST 중 주연 배우 줄리 델피가 부르는 <A Walts for a Night(2003)>입니다. 직접 열두 곡을 쓰고 부른 줄리 델피의 데뷔 앨범 수록곡이기도 하지요. 유튜브에서는 영화 장면 속의 버전을 들을 수 있는데, 연말에는 이쪽이 더 잘 어울려요.

박성연 <바람이 부네요>

한 해가 저무는 시간이네요. 한국의 1세대 재즈 보컬리스트 박성연과 재즈 피아니스트·작곡가 임인건의 따뜻하고 근사한 곡 <바람이 부네요(2016)>입니다. "산다는 건 신비한 축복"이라는 가사가 박성연의 목소리를 만날 때, 이 뭉클함은 그저 신비한 축복 같습니다.

The Zombies <This Will Be Our Year>
여러분의 한 해가 평안하기를, 매일의 날들이 음악과 더불어 빛나기를 기원합니다. 우리의 한 해가 될 거라 노래하는 좀비스의 <This Will Be Our Year(1968)>입니다.

Mk.gee <New Year>
맥지라는 스테이지 네임으로 활동하는 뮤지션 마이클 고든의 <New Year(2018)>입니다. 새해에 기쁘고 즐거운 일들이 함께 하기를 바라지만 그렇지 못할 때라면, 적어도 좋은 음악으로 위로받을 수 있기를 바랍니다.

The Beatles <Sun King>

비틀즈의 《Abbey Road》 앨범 중 <Sun King(1969)>입니다. 새해 해맞이의 느낌으로 골라봤어요. 가사의 마지막 세 구절은 그럴 듯한 외국어 단어들을 되는 대로 갖다 붙인 거라죠.

Ingrid Michaelson <The Way I Am>

단순하고 기분 좋은 노래로 새해를 시작해볼까요. 잉그리드 마이클슨의 <The Way I Am(2006)>입니다. 거창한 관념으로서의 사랑이 아니라 매일의 애정 어린 일상을 이야기하는 노랫말도 귀엽지요.

Mellow Fellow <Dancing>

필리핀 출신 싱어송라이터 멜로 펠로의 <Dancing(2017)>입니다. 제목과 달리 춤추기 좋은 리듬은 아니에요. 함께 추지 못한 춤을 아쉬워하는 멜랑콜리하고 회고적인 분위기의 곡이거든요.

Carpenters <(They Long to Be) Close to You>

팝 역사상 가장 아름다운 멜로디 중 하나가 아닐까요. 카펜터스의 <(They Long to Be) Close to You(1970)>입니다. 버트 바카락과 핼 데이비드 듀오가 만들어낸 근사한 결과물이죠.

Dion & The Belmonts <I'm Through with Love>

1950, 60년대의 두왑 보컬 그룹인 디온 & 더 벨몬츠의 <I'm Through with Love(1960)>입니다. 사랑으로 낙담한 가사와 낙천적인 곡 분위기의 대조가 재미있죠. 휴양지풍의 느긋한 곡입니다.

Cola Boyy <Beige 70>

Y를 두 개 겹쳐 쓰는 콜라 보이의 <Beige 70(2018)>입니다. 1970년대식 훵키한 그루브와 사이키델릭을 산뜻하게 재해석했어요. 기분 좋게 낯선 공간을 떠다니는 느낌을 줍니다.

The Internet <Dontcha>

디 인터넷의 두 번째 앨범 중 <Dontcha(2013)>입니다. 간결한 듯하면서도 리듬을 풍성하게 참 잘 쓰는 밴드예요. 기타와 건반이 어찌나 쫀득쫀득한지.

David Bowie <Ashes to Ashes>

수많은 명곡과 아이코닉한 스타일을 남긴 데이비드 보위의 <Ashes to Ashes(1980)>입니다. 당시 엄청난 예산을 투입했던 뮤직비디오와 함께 감상해도 좋겠지요.

Foxygen <San Francisco>

폭시즌의 <San Francisco(2013)>입니다. 벨벳 언더그라운드 & 니코 혹은 더 킹크스 같은 밴드들이 활동하던 1970년대 느낌이 나는 곡이죠. 고전 팝송 <I Left My Heart in San Francisco>를 비튼 가사도 재치 있어요.

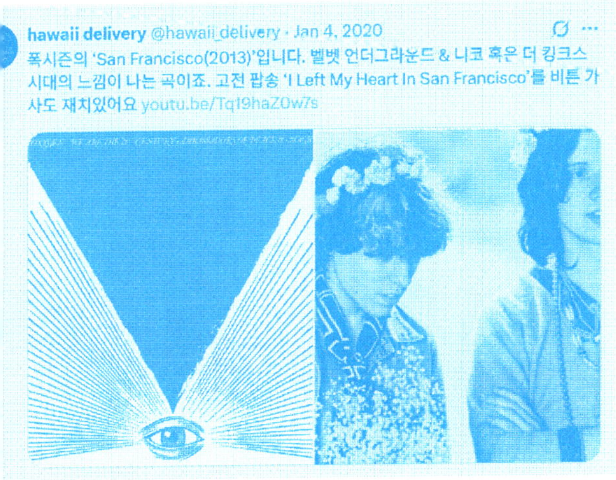

Carpenters <We’ve Only Just Begun>

카펜터스의 헤아릴 수 없이 많은 명곡 중에 <We’ve Only Just Begun(1970)>을 골라봅니다. 한 해의 초입인 만큼, 시작하는 모든 이들을 위해서요.

The Jacksons <Blame It on the Boogie>

모타운 이후, 잭슨 파이브가 아닌 더 잭슨스 시절의 흥이 폭발하는 곡 <Blame It on the Boogie(1978)>입니다. 당시로선 최첨단 디지털 기술이 사용된 뮤직비디오는 마이클 잭슨의 첫 공식 뮤직비디오라고 하네요.

Herrick & Hooley <Attention>

미국 뉴욕 브루클린 출신의 R&B 소울 트리오 헤릭 & 훌리의 <Attention(2017)>입니다. 《Summer of Love》라는 앨범 타이틀과 이미지처럼, 겨울 한가운데에 부드러운 여름의 온도와 습도를 불러오는 곡이에요.

Moses Sumney <Plastic>

독특한 음색을 가진 목소리, 그리고 기타와 약간의 사운드 이펙트만으로 이루어진 단순한 노래인 데다 같은 소절의 가사를 반복하는데 이상하게 텅 비게 느껴지지 않죠. 가만히 듣고 있으면 어쩐지 위안이 되는 곡, 모지스 섬니의 <Plastic(2014)>입니다.

Roy Hargrove <Strasbourg / St. Denis>

로이 하그로브의 퀸텟이 내놓은 명반 《earfood(2008)》 중에서도 잊기 힘든 곡 <Strasbourg / St. Denis>입니다. 제목은 파리의 지하철역 이름이지요. 제럴드 클레이튼의 피아노도 무척 매력적입니다.

Lou Donaldson <It's Your Thing>

재즈 색소포니스트 루 도널드슨의 <It's Your Thing(1969)>입니다. 같은 해 나왔던 아이슬리 브라더스의 곡을 커버했어요. 원곡은 뭔가 놓아버린 듯 뜨거웠다면 연주곡 버전으로 리메이크되면서는 선을 그으며 쿨해진 느낌이죠.

Toni Braxton <Love Shoulda Brought You Home>

플레이 버튼을 누르는 순간 1990년대를 소환하는 R&B 디바들이 있죠. 엄청난 히트를 기록했던 토니 브랙스턴의 데뷔 앨범 가운데 <Love Shoulda Brought You Home(1993)>입니다.

Billy Paul <Me and Mrs. Jones>
빌리 홀리데이, 니나 시몬, 카르멘 맥래 등 여성 재즈 보컬들로부터 영향을 많이 받았다는 빌리 폴의 <Me and Mrs. Jones(1972)>입니다. 살짝 불안정한 느낌의 섬세한 스킬이 그의 트레이드마크지요.

José James <Save Your Love for Me>
그를 소개하는 글은 이렇게 시작합니다. "힙합 제너레이션을 위한 재즈 아티스트." 느긋한 저음으로 기분 좋게 리듬을 타는 보컬리스트 호세 제임스의 <Save Your Love for Me(2010)>입니다.

Mild High Club <Kokopelli>

마일드 하이 클럽의 <Kokopelli(2016)>입니다. 한파를 뚫고 따뜻한 바에 들어서서 몸을 녹이려 독한 술을 한 잔 들이켠 것처럼 나른하고 몽환적인, 그리고 마침내 졸려오는 곡이지요.

Karen Souza <Paris>

아르헨티나 부에노스아이레스 출신의 보컬리스트 카렌 수자의 <Paris(2012)>입니다. 일렉트로닉 프로듀서들의 곡에 보컬 피처링을 하며 커리어를 시작했다는데 이런 팝·재즈 쪽이 더 맞춤옷인 듯 잘 맞죠. 침착하고 낮은 목소리와 편안한 무드가 긴장을 누그러뜨립니다.

Duke Jordan <Glad I Met Pat>

듀크 조던이 덴마크에서 발표했던 앨범 《Flight to Denmark(1974)》는 커버 아트 때문인지 한겨울이면 특히 더 생각납니다. 그중 <Glad I Met Pat>이에요. 슬픈 사연이 깃들어 있지만 참 예쁜 곡이지요.

Marble Sounds <Come Here>

벨기에 밴드 마블 사운즈의 <Come Here(2009)>입니다. 영화 <비포 선라이즈>에서 레코드 스토어에 들어간 주인공 두 사람이 좁은 부스 안에서 LP를 듣는 장면을 기억하실 거예요. 그 간질간질하던 장면에 흐르던 캐스 블룸의 원곡을 리메이크했는데 또 다른 방식으로 좋죠.

Sexteto Electrónico Moderno <Vivir por Vivir>

1966년부터 1971년까지 짧고 굵게 활동했던 우루과이 그룹 섹스테토 엘렉트로니코 모데르노의 <Vivir por Vivir(1968)>입니다. 아련하고 우아해요. 이 곡을 들으면 최대한 먼 나라로 가는 비행기를 타고 싶어집니다.

Gary Burton <Tiempos Felices>

게리 버튼 퀸텟의 <Tiempos Felices(1989)>입니다. 행복한 시간이라는 제목처럼 풍부한 비브라폰 연주가 충만하게 느껴지는 음악이죠. 기타에는 팻 메스니가 참여했습니다.

Gal Costa <Baby>

브라질 뮤지션 가우 코스타의 <Baby(1969)>입니다. 카에타누 벨로주가 작곡을 했는데, 후반부에 살짝 깔리는 남성 백보컬도 그의 음성입니다. 화사하게 달콤해요.

The Marías <Cariño>

'카리뇨'는 스페인어로 '자기야' 같은 말입니다. 사랑하는 사람을 부르는 말이죠. 더 마리아스가 스페인어와 영어로 부르는 <Cariño(2018)>에서 이 단어는 특히나 더 간지럽고 달콤하게 들립니다.

Tahiti 80 <The Train>

타히티 80의 <The Train(2002)>입니다. 경쾌하고 밝은 분위기인 반면 가사는 나와의 관계가 삐걱이던 그녀가 기차를 타고 떠나버린다는 내용이죠. 모든 트러블과 그녀가 알던 사람들을 뒤로하고.

Klaus Johann Grobe <Ein Guter Tag>

독일어로 노래하는 스위스 전자음악 듀오 클라우스 요한 그로브의 <Ein Guter Tag(2016)>입니다. 몽환적인 분위기가 회색빛 겨울 날씨에 어울리네요. 곡 제목은 독어로 '좋은 하루'라는 뜻이라고 해요.

PIZZICATO FIVE <Magic Carpet Ride>

왠지 어디서 귀엽고 예쁜 '뱀'이 나올 것 같은 곡이에요. 아랍풍의 악기 소리가 연신 흐르며 요술 양탄자를 타고 날아오르는 것 같죠. 시부야케이를 이끌었던 피치카토 파이브의 사랑스런 곡 <Magic Carpet Ride(1994)>입니다.

The RH Factor <Forget Regret>

로이 하그로브의 프로젝트 그룹 RH 팩터의 <Forget Regret(2003)>입니다. '당신의 목소리, 당신의 속삭임, 당신의 신음, 당신의 기도, 당신의 머리카락, 당신의 걸음…' 최면적인 가사가 인상적이지요.

Los Retros <Never Have Enough>

미국 캘리포니아 출신 뮤지션 로스 레트로스가 만들고 부른 <Never Have Enough(2019)>입니다. 반스를 신은 20대지만 노래에서는 레트로 무드가 물씬 풍기죠. 부모님이 즐겨 듣던 라틴 아메리카 팝 발라드 밴드들이나 1970년대 재즈의 영향을 많이 받았다고 해요.

We Are KING <The Greatest>

여성 3인조 네오소울 그룹 위 아 킹의 <The Greatest(2016)>는 복싱 선수 무하마드 알리에게 바치는 곡입니다. 80년대식 그루브와 요즘 트렌디한 음악의 요소들을 적절하게 믹스했죠. 8비트 게임 그래픽 같은 뮤직비디오도 재밌구요.

Blur <Girls & Boys>

블러의 <Girls & Boys(1994)>입니다. 이 노래야말로 원조 수능 금지곡이 아닐까요. 뿅뿅대는 사운드와 반복적인 가사를 듣고 나면 한참 귓가에서 들려오는 것 같아요.

Nightmares on Wax <Hey Ego!>

DJ이자 프로듀서인 나이트메어스 온 왁스의 <Hey Ego!(2008)>입니다. 단순하게 반복되는 모티프를 듣고 있으면 좋은 의미로 힘이 쭉 빠지면서 마치 명상하듯 머리를 비우게 되는 곡이에요.

角松敏生 <Off Shore>

아직 1월이지만 잠시라도 여름 느낌을 만끽하고 싶을 땐 이 곡을 듣습니다. 눈부신 해변으로 달려가는 것 같죠. 카도마츠 토시키의 <Off Shore(1983)>입니다. 아오키 토모히토의 베이스가 귀에 착 감겨요. 유튜브에서 들을 수 있습니다.

Charlie Haden & Gonzalo Rubalcaba <De Siempre>

베이시스트 찰리 헤이든과 쿠바 출신 재즈 피아니스트 곤살로 루발카바가 함께한 앨범 《Land of the Sun(2004)》 중에서 <De Siempre>입니다. 빛바랜 추억 같은 느낌이 드는, 서정적이고 애수 어린 곡이죠. 제목은 스페인어로 '영원히'라는 뜻입니다.

Parliament <Flash Light>

다양한 힙합 곡들에 여러 번 샘플링된 훵크 클래식이기도 하죠. 이 곡을 들으면서 근엄하게 앉아만 있어야 한다면 고문에 가까울 거예요. 그루브가 넘실대는, 팔러먼트의 <Flash Light(1978)>입니다.

Pool-Pah <Sour Soul>

풀-파의 <Sour Soul(1973)>입니다. 미국 밴드이고 동명의 영화 사운드트랙이라는 것 정도 외에는 알려진 바가 없네요. 1970년대 영화음악 특유의 사이키델릭한 분위기가 물씬 풍깁니다. 유튜브에서 들을 수있어요.

Bobby Womack <Across 110th Street>

바비 워맥의 소울풀한 노래 <Across 110th Street(1973)>입니다. 영화 <재키 브라운>에서 주인공인 팸 그리어가 등장하는 오프닝 신에 인상적으로 쓰였던 곡이며, 그 이전에 노래와 같은 제목의 영화 주제곡이기도 했죠. 확실히 드라마틱한 무드가 흐릅니다.

Bruce Hornsby & The Range <The Way It Is>

브루스 혼스비 & 더 레인지의 <The Way It Is(1986)>입니다. 투팍 생전에 녹음되었다가 사망 후 발표된 명곡 <Changes(1998)>에도 샘플링되어 유명한 곡이죠. 팝송에서 조금 보여주는 정도를 넘어 본격적인 피아노 솔로 파트가 아주 진지하고 멋져요.

Moonchild <The List>

여러 악기를 다루고 소울과 일렉트로닉, 재즈를 멋지게 섞은 음악을 들려주는 매력적인 밴드 문차일드의 <The List(2017)>입니다. 보컬의 음색이 무슨 박하사탕 같죠. 키보드나 관악기 소리도 어느 하나 힘주지 않으며 목소리와 조화를 이뤄요.

Rex Orange County <Pluto Projector>

렉스 오렌지 카운티의 <Pluto Projector(2019)>입니다. 코러스가 풍성해지려나 싶다가는 여린 기타 소리로 이어졌다가, 어느새 서정적인 스트링이 등장하죠. 예측할 수 없는 진행 덕분에 질리지 않고 듣게 되는 곡이에요.

cero <Orphans>

일본 밴드 세로의 <Orphans(2015)>입니다. 'Contemporary Exotica Rock Orchestra'의 앞 글자를 땄다는 밴드 이름은 꽤 거창하지만, 여름 저녁 드라이브에 틀어두면 좋을 만한 귀엽고 조금은 연약한 노래들을 들려줘요.

Brahny <Auburn>

캐나다 토론토를 기반으로 활동하는 싱어송라이터 브래니의 <Auburn(2017)>입니다. 노련하지 않아 어딘가 정감 가는 베이스 사운드, 진성과 가성을 오가는 보컬이 매력적이죠. 불빛이 번지는 밤의 도시를 드라이브할 때 어울릴 것 같아요.

Omara Portuondo <Amore de Mis Amore>

오마라 포르투온도의 <Amore de Mis Amore(2004)>입니다. 목소리는 흐르듯 편안하고 부드러운데 스페인어로 된 가사는 어쩜 이렇게 강렬할까요 '내 사랑의 사랑, 내 영혼의 피, 희망의 꽃을 주세요.'

The Marías <Ruthless>

카페나 바에서 흐른다면 모두가 자기도 모르게 고개나 발끝을 까딱거리게 될, 그런 곡이죠. 스모키한 보컬과 쫀득한 리듬이 경쾌합니다. 더 마리아스의 <Ruthless(2018)>입니다.

José James <Promise in Love>

호세 제임스의 <Promise in Love(2010)>입니다. 재즈의 영향과 힙합의 리듬이 자연스럽게 섞인 그의 노래들은 고풍스럽기도 현재적이기도 합니다. 낮고 부드러운 목소리도 그런 느낌이지요.

Bebo & Chucho <Tea for Two>

쿠바 출신의 피아니스트 부자인 베보 & 추초 발데스의 <Tea for Two(2008)>입니다. 아버지 베보의 망명으로 오십 년간이나 떨어져 지낸 부자였죠. 베보가 아흔 살 되던 해 극적으로 녹음된 이 앨범의 제목은 《Juntos para Siempre》, '영원히 함께'입니다.

Roy Ayers <Searchin'>

뭔가를 찾아 헤맨 하루의 끝에 긴장을 풀어주는 술 한잔 그리고 이런 음악을 만난다면 아직 갈피를 잡지 못한 채로도 충분하게 느껴질 것 같아요. 로이 에이어스의 <Searchin'(1976)>입니다.

PREP(ft. Cory Wong & Paul Jackson Jr.) <Line by Line>

영국의 4인조 밴드 프렙(feat. 코리 웡 & 폴 잭슨 주니어)의 <Line by Line(2018)>입니다. 귀에 확 꽂히는 멜로디와 뿅뿅거리는 사운드가 장난스러우면서도 자꾸 듣고 싶게 하는 매력이 있어요.

DJ 소울스케이프 <Love Is a Song>

DJ 소울스케이프의 2003년 음반 《Lovers》 중에서 <Love Is a Song>입니다. 박진감 있는 비트 위에 밀도 높은 낭만성이 얹힌 멋진 곡이지요. 특히 겹겹이 소리가 더해지면서 음악의 스펙트럼이 넓어지는 마지막 부분은 정말 아름다워요.

The Jones Girls <Nights over Egypt>

여성 보컬 트리오 더 존스 걸스의 <Nights over Egypt(1981)>입니다. 덱스터 완셀이 곡을 썼고 이집트 무드를 더하려고 노력했어요. 다소 묘한 조합이지만 그루브한 베이스와 리드믹한 보컬이 만나 꽤 즐거운 곡이 되었습니다. 애시드 재즈 밴드 인코그니토도 리메이크한 바 있죠.

hawaii delivery @hawaii_delivery · Jan 24, 2018
DJ 소울스케이프의 2003년 음반 <Lovers> 중에서 'Love Is A Song'입니다. 박진감 있는 비트 위에 밀도 높은 낭만성이 얹힌 멋진 곡이지요. 특히 마지막 부분은 정말 아름다워요 youtu.be/c8xZwLC9AZs
DJ SOULSCAPE
SEOUL

Pete Yorn & Scarlett Johansson <Relator>

배우들이 가끔 곁길로 빠지듯 만드는 음악이, 목소리가 가진 아우라 덕분인지 오래 기억에 남기도 합니다. 스칼렛 요한슨이 피트 욘과 함께 부른 경쾌한 듀엣 <Relator(2009)>도 그런 곡이죠.

Poom <De La Vitesse à L'ivresse>

프랑스 듀오 품의 <De La Vitesse à L'ivresse(2016)>입니다. 낭만적인 프렌치 일렉트로니카인데 스토리는 음주운전 교통사고를 다뤘다는 반전이 있죠. 드라이브의 속도감이 느껴지게 노래 가사를 이용해 만든 뮤직비디오의 아이디어가 흥미로워요.

김트리오 <그대여 안녕히>

<연안부두> <난 어떡해>로 유명했던 김트리오에게 이렇게 놀라운 곡이 있었습니다. 1980년대 무렵이면 연주와 녹음 환경이 열악했을 텐데 사운드가 얄팍한 것이 신경에 안 거슬릴 만큼 노래가 워낙 좋아요. <그대여 안녕히(1980)>입니다.

Rex Orange County <Loving Is Easy>

렉스 오렌지 카운티의 <Loving Is Easy(2017)>입니다. 베니 싱즈가 피처링했어요. 러빙뿐만 아니라 싱잉도 아주 쉽고 편안하게 하는 느낌입니다.

David Gates <Silky>

브레드의 멤버이기도 했던 데이비드 게이츠의 <Silky(1980)>입니다. 담백한 보컬 덕분인지 이 시대의 인장처럼 들어 있는 색소폰 솔로도 느끼하기보다 다만 '실키'해요.

Daft Punk <Something About Us>

다프트 펑크의 <Something About Us(2001)>입니다. 싸이월드 시절 감성이라고 할 수도 있겠습니다만 이 노래엔 확실히 뭔가 특별함이 있어요.

Esperanza Spalding <I Know You Know>

지적이고 매력 넘치는 곡, 에스페란자 스폴딩의 <I Know You Know(2008)>입니다. 뻔하지 않은 음의 진행과 복잡하면서도 흥겨운 리듬의 조화가 짜릿해요. 커다란 베이스를 자유자재로 다루는 아프로 헤어스타일의 여성이라니 귀뿐 아니라 눈을 떼기도 힘들지요.

양수경 <그대의 의미>

일본 시티팝의 영향이 느껴지는 곡이죠. 허스키한 음색이 참 매력적인 보컬 양수경을 재발견하게 된 <그대의 의미(1990)>입니다.

Phyllis Hyman <No One Can Love You More>

필리스 하이먼의 <No One Can Love You More(1977)>입니다. 사랑 앞에서 여리고 작아지는 게 아니라 강한 자아를 그대로 던져 내보이는, 그야말로 당당한 디바의 노래예요.

Cal Tjader & Carmen McRae <Upside Down>

라틴 재즈 뮤지션 칼 제이더와 위대한 보컬리스트 카르멘 맥래가 만난 <Upside Down(1982)>입니다. 역량의 절반 정도만 쓰면서 느긋하게 만들어내는 듯한 이 곡의 매력은 바로 그 여유로움에서 나옵니다.

Tame Impala <The Less I Know the Better>

사이키델릭한 사운드를 아주 세련되게 구현하는 동시대 뮤지션이죠. 오스트레일리아 퍼스 출신의 밴드 테임 임팔라의 <The Less I Know the Better(2015)>입니다. 찰기 있게 묵직한 베이스라인 위로 가볍게 올라앉은 고음의 보컬이 절묘해요.

Pet Shop Boys <West End Girls>

신나는 댄스 리듬 위로 흐르는 서늘하고 무심한 목소리. 사십 년이 넘도록 펫 숍 보이스는 뱀파이어처럼 변함이 없는 것 같습니다. 그들의 댄스 넘버 중에서도 정수라 할 <West End Girls(1985)>입니다.

hawaii delivery @hawaii_delivery · Jan 31, 2018

사이키델릭한 사운드를 아주 세련되게 구현하는 동시대 뮤지션이죠. 오스트레일리아 퍼스 출신의 밴드 테임 임팔라의 'The Less I Know The Better(2015)'입니다. 찰기 있게 묵직한 베이스라인 위로 가볍게 올라앉은 고음의 보컬이 절묘해요

youtu.be/FAcaAelwl1Q

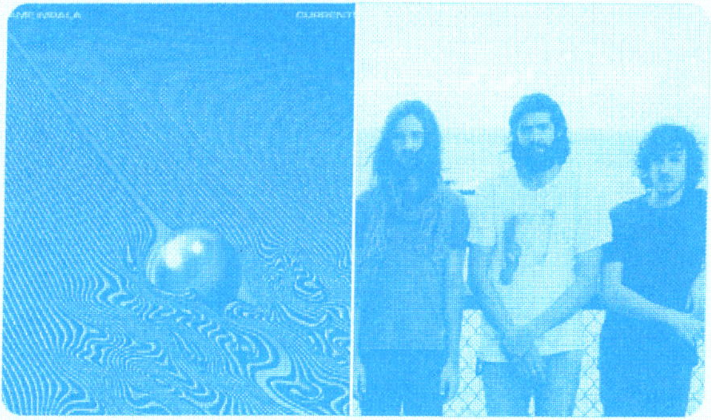

Ricchi e Poveri <Sarà Perché Ti Amo>

이탈리안 팝 그룹 리키 에 포베리의 <Sarà Perché Ti Amo(1981)>를 들어봅니다. 누구나 들으면 흥얼거릴 수 있지만 아무도 제목을 제대로 모르는 곡이죠. '사라, 너를 사랑하기 때문일 거야'라는 뜻이라고 하네요.

Debra Laws <Your Love>

배우이기도 했던 데브라 로스의 <Your Love(1981)>입니다. 재즈 플루티스트 허버트 로스와 색소포니스트 로니 로스의 여동생인데, 오빠들이 프로듀서로 앨범에 참여했네요. 그늘 한 점 없는 목소리로 햇살처럼 사랑을 노래하는, 밝고 낙천적인 팝이에요.

The xx <Basic Space>

미니멀한 구성에 읊조리듯 노래하는 이들의 음악을 들을 때면 디자인이나 건축 분야에서 종종 인용되는 문구 'Less Is More'가 떠올라요. The xx의 <Basic Space(2009)>입니다.

Anita Baker <Sweet Love>

아니타 베이커의 <Sweet Love(1986)>는 앞서 소개한 <Caught Up in the Rapture>와 같은 앨범, 다음 트랙 곡이에요. 기교를 한껏 화려하게 부리며 노래하는데도 귀가 전혀 피곤해지지 않는다는 점이 신기하죠.

Myriam Alter <It's All There>

벨기에의 작곡가이자 재즈 피아니스트인 미리엄 알터의 <It's All There(2003)>입니다. 디노 살루지의 반도네온과 존 루오코의 클라리넷이 부드럽고도 우수 가득한 정서를 엮어냅니다.

Mary J. Blige <Family Affair>

'힙합 소울의 여왕'이란 별명을 그 누구도 부정할 수 없을, 가수이자 래퍼, 뛰어난 송라이터인 메리 제이 블라이지의 <Family Affair(2001)>입니다. 닥터 드레가 프로듀스했는데 지금 들어도 리프가 귀에 착착 감기죠.

고상지 <출격>

반도네온 연주자이자 작곡가인 고상지의 <출격(2014)>입니다. 제목이나 뮤직비디오 연출에서도 그렇지만 어딘가 애니메이션의 오프닝이 연상되는 곡인데, 음악가 자신도 <에반게리온> 시리즈에 영향받았음을 언급한 적이 있습니다.

Munya <It's All About You>

캐나다 몬트리올 출신 싱어송라이터 뮤냐의 <It's All About You(2019)>입니다. 퀘벡 뮤지션이라 프랑스어 가사로 된 곡도 있긴 하지만 이 곡처럼 영어로 된 노래를 부를 때도 어쩐지 프렌치 팝의 감수성이 느껴져요.

hawaii delivery @hawaii_delivery · Feb 4, 2019
몬트리올 출신 싱어송라이터 뮤냐의 'It's All About You(2019)' 입니다. 퀘벡 뮤지션이라 프랑스어 가사로 된 곡도 있긴 하지만 이 곡처럼 영어로 된 노래를 부를 때도 어쩐지 프렌치 팝의 감수성이 느껴져요 youtu.be/o311SArGiUo

Al Jarreau <Mornin'>

재생 버튼을 누르자마자 곧장 가상의 창문을 연 것 같아요. 햇살과 바람, 지저귀는 새소리가 한번에 쏟아져 들어오는, 알 재로의 <Mornin'(1983)>입니다. 어느 시간대에 들어도 기분이 좋아지는 노래죠.

Tamba Trio <Beira-Mar>

1960년대부터 활동한 브라질 삼바 재즈·보사노바 밴드 탐바 트리오의 <Beira-Mar(1975)>입니다. 플루트 소리가 참 듣기 좋아요. 작곡과 기타 연주에는 이반 린스가 참여했는데, 노래 제목은 포르투갈어로 '해변'이라고 합니다.

Whitney <Golden Days>

휘트니의 <Golden Days(2016)>입니다. 비음이 섞인 여린 보컬, 단순한 연주가 마치 향수에 젖어 '좋았던 날들'을 회고하는 듯하죠. 빛바랜 사진을 들여다보는 것 같기도 하고요.

Unknown Mortal Orchestra <Honey Bee>

언노운 모털 오케스트라의 <Honey Bee(2018)>입니다. 뉴질랜드 출신이며 미국 포틀랜드를 기반으로 활동하는 밴드죠. 단순한 멜로디지만 사운드가 탄탄하고 예측을 비껴가곤 합니다. 듣기에 즐거워요.

Leo Sayer <You Make Me Feel Like Dancing>

겨울에도 햇살이 근사한 날이 있죠. 이 곡은 그런 날 틀어놓고 몸을 움직이기에 좋습니다. 느긋한 듯 딱 좋은 리듬감. 레오 세이어의 <You Make Me Feel Like Dancing(1976)>입니다.

Rufus & Chaka Khan <Tell Me Something Good>

루퍼스 & 샤카 칸의 <Tell Me Something Good(1974)>입니다. 스티비 원더가 작곡한 이 노래에는 기분 좋게 끈적한 엇박의 그루브가 흘러요.

Ambrosia <Biggest Part of Me>

'어덜트 컨템포러리'라는 장르의 정수를 함축한 것 같은 곡입니다. 부드럽고 편안하게, 성숙한 사랑을 노래하죠. 테이크식스가 좀 다른 분위기로 리메이크한 적도 있는 암브로시아의 <Biggest Part of Me(1980)>입니다.

My Morning Jacket <Only Memories Remain>

마이 모닝 재킷의 느긋하고 여유로운 곡 <Only Memories Remain(2015)>입니다. 7분의 꽤 긴 노래를 듣는 동안 어딘가 아름다운 풍경 속을 여행하고 돌아오는 기분이 들어요.

hawaii delivery @hawaii_delivery · Feb 7, 2019
마이 모닝 재킷의 느긋하고 여유로운 곡 'Only Memories Remain(2015)'입니다. 7분의 꽤 긴 노래를 듣는 동안 어딘가 아름다운 풍경 속을 여행하고 돌아오는 기분이 들어요 youtu.be/rX-RDOp4XtE

Celso Fonseca <Samba é Tudo>

세상이 시끄럽고 지저분할 때, 마음을 정화해주는 노래들이 있어요. 음악이 시작되는 순간 날 섰던 마음이 한결 부드러워지는 것 같죠. 셀수 폰세카의 <Samba é Tudo(2001)>입니다. Samba is everything.

Julien Baker <Sprained Ankle>

줄리엔 베이커의 <Sprained Ankle(2015)>입니다. '접질린 발목'이라는 제목이 특이하네요. 다친 감정도 삔 발목도 간결하고 섬세하게 다독이는 듯한 아름다운 노래예요.

Peter Campanelli <I've Got to Leave>

공기가 맵도록 차가운 겨울의 하루를 마감할 때, 잠깐이나마 미풍이 부는 따스한 바닷가로 우리를 데려가 줄 음악이 필요합니다. 피터 캄파넬리의 <I've Got to Leave(2018)>처럼요. 부드러운 파도 소리가 들리는 듯합니다.

Nouvelle Vague <Dance with Me>

프랑스 밴드 누벨 바그의 <Dance with Me(2006)>입니다. 장 뤽 고다르의 영화 <국외자들>에서 앨범 제목을 따왔는데, 유튜브에는 그 영화의 장면에 이 노래를 얹은 영상들이 여럿 있네요. 따라서 춤추고 싶게 만들어요.

Isaac Lewis <Worry>

미국 피츠버그 출신 뮤지션 아이작 루이스의 <Worry(2018)>입니다. 따뜻하고 몽글몽글한 질감이 주변의 공기를 채우는 이 곡을 듣다 보면 걱정이 사라지는 것 같아요.

The Cardigans <Celia Inside>

카디건스 보컬 니나 페르손의 목소리는 이 노래를 부를 때 특히 얼음 같은 유리창에 입김을 부는 듯해요. 눈이 가득 쌓인 겨울 느낌의 곡입니다. 카디건스의 <Celia Inside(1995)>.

Vansire <Nice to See You>

미국 미네소타 출신 드림팝 밴드 밴사이어의 <Nice to See You(2018)>입니다. 단순한 인삿말들을 건네는 가사 위로 쌓는 화음, 차분한 템포가 포근한 느낌을 주는 노래예요. 여성 보컬 파트는 플로어 크라이입니다.

Khruangbin <Two Fish and an Elephant>

태국어로 '비행기'를 뜻하는 이름을 가졌지만 실은 미국 텍사스 휴스턴 출신인 밴드 크루앙빈의 <Two Fish and an Elephant(2015)>입니다. 공간감이 매력적인 이 연주곡은 일몰이 붉게 하늘을 물들이는 바다에서 들으면 멋지게 어울릴 것 같아요.

The Moldy Peaches <Anyone Else but You>

영화 <주노>의 OST로 쓰이며 크게 알려졌던 몰디 피치스의 <Anyone Else but You(2001)>입니다. 엘렌 페이지(지금은 엘리엇 페이지)와 마이클 세라가 극중 마지막 장면에서 함께 부르는 사랑스런 곡이죠.

Paul Cherry <Like Yesterday>

맥 드마르코나 마일드 하이 클럽을 즐겨 듣는 사람이라면 시카고 출신 뮤지션 폴 체리의 음악도 좋아하게 될 거예요. <Like Yesterday(2018)>는 내내 표피를 미끄러지는 얄팍한 느낌의 사운드인데 그 점이 매력적입니다.

Cindy <私達を信じていて>

신디의 <私達を信じていて(1990)>입니다. 《Angel Touch》 앨범 중 특히 이 곡이 알려져 있죠. 맑고 담백한 음색, 붉은 옷을 입고 자신있게 정면을 응시하는 재킷 사진은 안타깝게도 2001년 세상을 떠난 이 가수의 매력을 오래 기억하게 만드네요. 곡 제목은 '우리를 믿고 있어'라는 뜻이라고 합니다.

Carole King <It’s Too Late>

캐롤 킹의 <It’s Too Late(1971)>입니다. 연인과의 끝나버린 관계를 담담히 얘기하는 내용이지요. 언제나처럼 귀에 쏙 들어오는 멜로디를 들려주는 그녀에 대해 위키피디아에서는 ‘20세기 후반 미국에서 가장 성공한 여성 작곡가’라고 소개하네요.

Miel de Montagne <Fragile>

2018년 첫 EP를 낸 프랑스 뮤지션 미엘 드 몽타뉴의 <Fragile(2019)>입니다. ‘산의 꿀’이라는 활동명을 가진 이 아티스트는 복잡한 파리를 떠나 조용한 시골에서 살며 단순하고 소박한 가사로 노래를 만든다고 하네요. 가볍게 듣기 좋은 곡입니다.

hawaii delivery @hawaii_delivery · Feb 14, 2020

2018년 첫 EP를 낸 프랑스 뮤지션 미엘 드 몽타뉴의 'Fragile(2019)'입니다. 20대 중반인 미엘 드 몽타뉴(마운틴 허니)는 복잡한 파리를 떠나 조용한 시골에서 살며 단순하고 소박한 가사로 노래를 만든다고 하네요. 가볍게 듣기 좋은 곡입니다

youtu.be/BqCnw1wekR0

Julie Delpy <An Ocean Apart>

<비포 선셋>에서 노래하는 장면으로 알려진 것처럼 배우 줄리 델피는 매력적인 음색을 가진 싱어송라이터이기도 하죠. 영화에 삽입되었고 자신의 이름으로 냈던 앨범에도 수록된 <An Ocean Apart(2003)>입니다.

The Psychedelic Furs <Ghost in You>

영국 뉴웨이브 밴드 사이키델릭 퍼즈의 <Ghost in You(1984)>입니다. 1980년대 특유의 화려하면서도 아련하게 따뜻한 정서가 묻어 있는 곡이에요.

Gwyneth Paltrow <Bette Davis Eyes>

배우 귀네스 팰트로가 영화 <듀엣>을 위해 부른 <Bette Davis Eyes(2000)>입니다. 1981년에 캐롤 킹이 원곡을 불러 크게 히트하자 지난 시대의 대배우였던 베티 데이비스가 직접 감사의 편지를 썼다는군요. '내 손자가 날 우러러보게 되었어요.' 귀네스 팰트로 버전은 유튜브에서 볼 수 있습니다.

Emily King <Distance>

음악에도 질감이 있다면 이 노래는 아주 다양한 텍스처를 찬찬히 펼쳐서 만지게 해주는 듯해요. 다소 까끌한 보컬, 탄력적인 리듬, 폭신한 코러스까지 말이죠. 에밀리 킹의 <Distance(2015)>입니다.

MC Hammer <Have You Seen Her>

도입부의 '아- 예'부터 조금 느끼하지만 오랜만에 들어도 좋네요. 치-라이츠의 원곡을 90년대 감성으로 꽤 멋지게 리메이크한 MC 해머의 <Have You Seen Her(1990)>입니다.

Michael McDonald <I Keep Forgettin'>

한 소절만 들어도 알 수 있는 유니크한 목소리. 마이클 맥도널드의 솔로 데뷔 앨범 중 <I Keep Forgettin'(1982)>입니다. 잘그랑거리며 귀를 사로잡는 기타는 토토의 스티브 루카서가 연주했고, 루이스 존슨의 베이스도 훌륭하지요.

temp. <Motel California>

태국 밴드 템프의 <Motel California(2018)>입니다. 휴양지 낡은 호텔에서 들려오는 좀 성의 없는 밴드의 연주, 통조림 체리가 올라간 알록달록한 칵테일 같은 가벼운 이미지들이 떠오르는 노래예요.

Sade <Maureen>

<The Sweetest Taboo>가 수록된 샤데이의 두 번째 앨범 중 맨 마지막 곡입니다. <Maureen(1985)>, 경쾌하고 듣기 좋지만 세상을 떠난 어린 시절 베스트 프렌드에 대한 노래죠. 슬픔보다는 즐거웠던 기억을 간직하기 위해 썼다고 합니다.

hawaii delivery @hawaii_delivery · Feb 17, 2019
태국 밴드 템프의 'Motel California(2018)'입니다. 휴양지 낡은 호텔에서 들려오는 좀 성의 없는 밴드의 연주, 캔 체리가 올라간 알록달록한 칵테일 같은 이미지들이 떠오르는 노래예요 youtu.be/YPV9dIIdsrE
temp.

Panic! At The Disco <Death of a Bachelor>

패닉! 앳 더 디스코의 <Death of a Bachelor(2016)>입니다. 이 곡의 낭만적인 도입부를 들을 때마다 매우 시나트라적이라고 생각했는데, 실제로 시나트라 탄생 100주년을 염두에 두고 쓴 곡이군요. 흥미롭고 박력 있는 전개가 짜릿합니다.

Matilda Mann <Nothing at All>

영국 뮤지션 마틸다 만의 <Nothing at All(2020)>입니다. 한껏 나른하고 평화롭죠. 봄볕이 조금씩 따뜻해질 때 창문을 활짝 열어둔 채 바람을 맞으며 들으면 어울릴 것 같아요.

트램폴린 <Such a Clown>

신스팝 밴드 트램폴린의 쿨한 곡 <Such a Clown(2015)>입니다. DJ 소울스케이프와 공동 프로듀스한 앨범이라는데, 사운드가 풍부하고 재밌어요.

Lucky Daye <Roll Some Mo>

미국 뉴올리언스 출신 R&B 뮤지션 러키 데이의 <Roll Some Mo(2018)>입니다. 프랭크 오션을 떠올리게 하는 부분이 있으면서도 촉촉한 바이브가 매력적입니다. 곡 후반부의 현악 파트처럼, 전형성을 벗어난 악기 사용이 사운드를 훨씬 풍성하게 느끼게 해요.

Whitney Houston <Saving All My Love for You>

휘트니 휴스턴의 노래 중에선 이 곡을 제일 좋아합니다. <Saving All My Love for You(1985)> 그녀의 빛나는 데뷔 앨범 중에서도 정말 빛나던 곡이었죠.

SALES <Big Sis>

인디 팝 듀오 세일즈의 <Big Sis(2016)>입니다. 클라이맥스를 기다려봐도 절정 없이 진행되다 끝나버리는데, 전반적으로 느슨한 태도가 편안하고 귀여워요.

Jungle <Casio>

아홉 살부터 이웃집 친구였다는 J와 T를 주축으로 여러 아티스트와 함께 다양한 실험을 거듭하는 런던의 음악 그룹 정글의 <Casio(2018)>입니다. 느긋하면서도 그루브한 비트가 매력적이에요.

Ibrahim Ferrer(ft. Omara Portuondo) <Silencio>

이브라임 페레르와 오마라 포르투온도의 듀엣, <Silencio(1999)>입니다. '꽃들이 내 고통을 몰랐으면 좋겠네. 안다면 그들 또한 울어버릴 테니까'라는 가사지만 노래는 꿈결처럼 아름답기만 하네요.

Kid Creole & The Coconuts <I'm a Wonderful Thing Baby>

키드 크레올 & 더 코코넛츠의 <I'm a Wonderful Thing Baby(1982)>입니다. 뮤지션 오거스트 다넬이 스윙과 재즈, 라틴 음악을 가미한 디스코를 시도하던 프로젝트예요. 다양한 스타일과 악기 소리가 뒤섞여 분방한 그루브를 만들어냅니다.

Paula Abdul <Next to You>

폴라 압둘의 <Next to You(1988)>입니다. 초등학교 6학년 무렵 폴라 압둘의 데뷔 음반을 들었는데, 댄스곡들 사이에서 잘 알려지지 않은 이 트랙과 사랑에 빠졌던 기억이 있습니다. 좋았던 곡은 여전히 좋네요.

Saint Motel <My Type>

세인트 모텔의 <My Type(2014)>입니다. 인트로 멜로디만으로도 단숨에 어깨를 들썩이다 못 참고 일어나 춤추게 만드는, 단순하고 흥겨운 곡이죠. 다이빙의 순간을 포착한 앨범 재킷 이미지도 감각적이에요.

RINI <Camped>

호주 멜버른 출신 뮤지션 리니의 <Camped(2019)>입니다. 프랭크 오션, 다니엘 시저의 음악에서 영향받았다고 하는데 꽤나 비슷한 결이 느껴지죠. 늦은 밤 듣기 좋은 온화하고 부드러운 R&B 소울 음악입니다.

BADBADNOTGOOD <In Your Eyes>

캐나다 재즈 밴드 배드배드낫굿의 <In Your Eyes(2016)>입니다. 재즈의 넓은 영역 안에서 새롭고 재미난 시도들을 많이 하는 팀이죠. 역시 토론토 출신인 샬럿 데이 윌슨이 보컬 피처링을 했는데, 무심하게 매력적인 목소리예요.

Daft Punk <Around the World>

다프트 펑크의 <Around the World(1997)>입니다. 미셸 공드리가 감독한 근사한 뮤직비디오와 떼어서 생각할 수 없는 곡이죠. 단순한 구조에서 미묘한 변주가 조금씩 일어나는데 한순간도 밀도가 떨어지지 않습니다.

Tower of Power <What Happened to the World That Day?>

1968년 결성되어 지금까지도 전 세계를 다니며 왕성히 활동하고 있는 타워 오브 파워의 <What Happened to the World That Day?(1972)>입니다. 누군가 오늘에 대해 이렇게 물어온다면 뭐라고 답할 수 있을까요?

The Walters <I Love You So>

시카고 출신 인디 밴드 더 월터스의 짧고 귀여운 소품 <I Love You So(2014)>입니다. 쟁글거리며 시작한 기타 연주가 점점 노이즈를 더해가면 기분 좋게 나른해져요.

Paul McCartney <Only Our Hearts>

폴 매카트니가 올드 팝 & 재즈 위주로 녹음한 소품 같은 앨범 《Kisses on the Bottom(2012)》 중에서 새로 쓴 곡인 <Only Our Hearts>입니다. 사랑 노래에 관한 한 폴 매카트니의 자리를 대신할 사람은 없을 거예요. 하모니카는 스티비 원더입니다.

Jack Johnson <Banana Pancakes>

'비가 와요. 밖으로 나갈 필요 없어요. 바나나 팬케이크를 만들어 줄게요. 주말인 척 집에서 느긋하게 지내요. 커튼을 닫고 바깥 세상은 없다는 듯이.' 마음이 편안해지는 잭 존슨의 <Banana Pancakes(2005)>입니다.

Dollar <Give Me Back My Heart>

영국 듀오 달러의 <Give Me Back My Heart(1982)>입니다. 80년대 초반 신스팝의 전형적인 어떤 요소들을 갖고 있어요. 나이브한 멜로디, 감정에 과몰입된 보컬, 하지만 들으며 행복해지는 중독성까지도요.

Tuck & Patti <Taking the Long Way Home>

한 사람의 목소리, 그리고 또 한 사람의 기타 연주는 단순한 조합이지만 그걸로 충만하고 충분하죠. 다르고도 또 조화로운 부부 듀오 턱 & 패티의 <Taking the Long Way Home(1999)>입니다.

Midnight Fusic <Time Machine>

말레이시아 쿠알라룸푸르 출신 밴드 미드나이트 퓨직의 <Time Machine(2018)>입니다. 품 비푸리트가 생각나기도 하고 동시대 한국 밴드들의 이름도 몇몇 떠오르는, 젊고 청량한 록음악이에요.

Francesco De Masi <Mexico Bossa Nova>

무수히 많은 이탈리아의 TV 시리즈와 영화음악을 작곡했던 프란체스코 데 마시의 <Mexico Bossa Nova(1969)>입니다. 이런 곡을 들으면 햇살 좋은 날 울퉁불퉁하고 좁은 해안도로를 따라 드라이브하는 느낌이 들죠.

Marisa Monte <Não é Fácil>

브라질의 디바 마리자 몬치의 <Não é Fácil(2000)>입니다. 부드러운 목소리와 징글거리는 기타 사운드가 매력적으로 충돌해요. 제목은 'It's Not Easy'의 뜻이라고 합니다. '당신을 생각하지 않는 일은 쉽지 않아요.'

Madonna <Take a Bow>

마돈나의 히트곡이야 무수하지만, 그 리스트 중에서 이 곡만큼 인상적인 곡도 흔치 않습니다. <Take a Bow(1994)> 마돈나와 프로듀서 베이비페이스가 함께 만든 걸작이죠.

Bob Marley & The Wailers <Three Little Birds>
듣고 있으면 근심이 사라지고 마음이 느긋해지는 음악이 있죠. 따뜻하고 맑은 날씨가 거들어준다면 더 확실하고요. 밥 말리 & 더 웨일러스의 <Three Little Birds(1977)>입니다.

Daniel Caesar(ft. H.E.R.) <Best Part>
H.E.R.와 다니엘 시저의 앨범에 동시 수록된 둘의 듀엣곡 <Best Part(2017)>입니다. 최근 몇 년간 들은 곡 중 가장 감미로운 노래가 아닌가 싶어요. 둘의 능숙하면서도 편안한 창법이 무척이나 잘 어우러집니다.

Omar Apollo <So Good>
오마르 아폴로의 <So Good(2019)>입니다. 1997년생이라고 하는데 이 곡에서는 그가 태어나기 이전 시대의 그루브가 느껴집니다. 물론 좋은 의미에서요. 원래 성은 '벨라스코'인 멕시코인 이민 2세로, 스페인어로 부르는 노래도 매력적이네요.

롤러코스터 <D-Day>

봄의 시작을 손꼽아 기다리게 되는 요즘을 위해 골랐습니다. 롤러코스터 3집 중 <D-Day(2002)>. 각자의 자리에서 대체 불가능한 매력을 발휘하는 조원선의 보컬, 이상순의 베이스 그리고 지누의 기타가 팽팽한 삼각형을 이룹니다. 조용히 긴장감을 쌓아가다가 한 번에 터지는 곡의 구조도 매력적이죠.

ABBA <Dancing Queen>

팝 역사상 이렇게 드라마틱한 곡이 또 얼마나 있을까요? 아바의 클래식 <Dancing Queen(1976)>입니다. 신비롭게도 매번 들을 때마다 행복해지는 곡이기도 합니다.

• Connan Mockasin & Devonté Hynes <Feelin' Lovely> • Dre es(ft. Mia) <Warm> • The Beach Boys <Kokomo> • Tecnapai <Saba
Julio Iglesias <La mer> • The Bird And The Bee <Recreational Love> • Bane's World <Drowsy> • Paul McCartney <I'm Gonna Sit Righ
rolina> • Kylie Minogue <Magic> • Khruangbin <Friday Morning> • Tevin Campbell <I'm ready> • Aretha Franklin <Respect> • The Alan P
visibles <Que Rico> • Toro y Moi <Mirage> • KIRINJI <エイリアンズ(Aliens)> • Al Jarreau <Breakin' Away> • 김현철(ft. 조원선) <봄이 와> • MGMT
rd> • 선우정아 <봄처녀> • Basia <Baby You're Mine> • Hot Hot Heat <Magnitude> • Luiz Bonfà <Perdido De Amor> • Goldwash <You Don't W
Me> • Diana Ross <It's My House> • Michael Jackson, Justin Timberlake <Love Never Felt So Good> • Divino Niño <Melty Caramelo> • The
t Enough> • James Tillman <Casual Encounters> • John Mayer <St. Patrick's Day> • Surface <The First Time> • 태윤 <아마도> • Luis Miguel
Stephen Bishop <Losing Myself in You> • Shirley Horne <Once I Loved> • Rosario <Sabor, Sabor> • Phum Viphurit <Long Gone> • 中原めい
<What a Fool Believes> • HAIM <Forever> • Iris Temple <Lemonade> • JGrrey <Don't Fade> • Al Jarreau <Moonlighting> • John Pizzarelli
Theatrical State of Mind> • Wes Montgomery <O Morro Nao Tem Vez> • Eurythmics <There Must Be an Angel> • De-Phazz <You Stayed> • 어
• Toro y Moi <Ordinary Pleasure> • Odyssey <Native New Yorker> • Janet Jackson <That's the Way Love Goes> • TOTO <Africa> • Chet Bak
ver> • Dorothy Ashby <Come Live with Me> • Cymande <Friends> • 백예린 <Popo(How Deep Is Our Love?)> • Benny Goodman Quartet
• Dexys Midnight Runners <Come On Eileen> • Sufjan Stevens <Futile Devices> • Betty Wright <Tonight Is the Night> • Beck <Tropicalia
) <E Preciso Perdoar> • Sugar Candy Mountain <666> • Barry Manilow <Copacabana> • Sunset Rollercoaster <Angel Disco Love> • 세이수미
Me> • Jeff Bernat <Groovin'> • 이광조 <즐거운 인생> • Leon Ware <What's Your Name> • Donell Jones <U Know What's Up> • Astor Piazzolla
Don't Know You> • Liquid Pegasus <Uptown Shuffle> • Grover Washington, Jr. <Mister Magic> • Tavares <Heaven Must Be Missing an Ange
rvice <Grow Old with Me> • 죠지 <오랜만에> • Prince <Sometimes It Snows in April> • 구남과여라이딩스텔라 <장단> • Jennifer Lara <Weekend L
• Dry & Heavy <Bright Shining Star> • boy pablo <Losing You> • Ariel Pink <Put Your Number in My Phone> • Suzanne Vega <Caramel> •
M. Dawn <Set Adrift on Memory Bliss> • Julie London <I Remember You> • Jack Johnson <Belle> • Dope Lemon <Home Soon> • Stephane
> • 브론즈(ft. 우효) <With the Star> • Swing Out Sister <Somehwere in the Wolrd> • Luis Miguel <La Puerta> • The Flaming Lips <Yoshimi Bat
Byrd <Places & Spaces> • Caetano Veloso <Get Out of Town> • Parcels <Lightenup>(Breakbot Remix)• Sly & The Family Stone <Family Affa
Heaven> • Janelle Monáe <Make Me Feel> • Foo Fighters <Virginia Moon> • D'Angelo <Really Love> • 2018, 大橋純子 <Telephone Number> •
here> • Antônio Carlos Jobim <Vivo Sonhando> • Yo La Tengo <Wizard's Sleeve> • Drugdealer <The End of Comedy> • Caetano Veloso
a di Rosa> • Roberta Flack <Looking for Another Pure Love> • Madeleine Peyroux <I'm All Right> • Papooz <Green Juice> • Françoise Ha
(Narumin & Etsu) <Summer Touches You> • Paul McCartney & Wings <Goodnight Tonight> • Beach House <Space Song> • Craig David <7 D
omko <I Recall> • Earth, Wind & Fire <Love's Holiday> • Evelyn "Champagne" King <Love Come Down> • Born Idiot(ft. Flore Benguigui) <C
heny <My Song> • Robert Glasper <Afro Blue> • Her's <Cool with You> • Santo & Johnny <Sleep Walk> • Henri Salvador <Dans Mon Ile> • A
• 윤수일 <아름다워> • Grover Washington Jr. & Bill Withers <Just the Two of Us> • Beirut <Postcards from Italy> • 아도이 <Grace> • wilco
• Junior Senior <Move Your Feet> • Anderson Paak <The Bird> • WHAM! <Everything She Wants> • Cecile Mclorin Salvant <No Regrets> •
Say Goodbye> • John Paul Young <Love Is in the Air> • Color Me Badd <I Adore Mi Amor> • Julio Iglesias <Moonlight Lady> • Sports <Stra
• Dale Earnhardt Jr. Jr. <God Only Knows> • Mayer Hawthorne <Just Ain't Gonna Work Out> • Bryan Ferry <I'm in the Mood for Love> • Yo
Mortal Orchestra <So Good at Being in Trouble> • Suede <She's in Fashion> • Joey Dosik <Running Away> • 구남과여라이딩스텔라 <건강하고
ve> • Los Retros <Someone to Spent Time With> • Sondre Lerche <Wet Ground> • Luke Temple <Florida> • Claude Nougaro <Dansez Sur M
elas> • 유재하 <지난날> • Big Mountain <Baby, I Love Your Way> • Benny Sings <Coconut> • Feng Suave <Sink into the Floor> • Bane's World
ato <Quem Sabe Isso Quer Dizer Amor> • Cher <Walking in Memphis> • Dexter Wansel(ft. The Jones Girls) <I'll Never Forget(My Favorite
l <All Around the World> • Blur <Coffee & TV> • Koffee Brown <After Party> • Leven Kali <Do U Wrong> • DeBarge <I Like It> • Donald By
Road> • Bobby Oroza <This Love(Part 1)> • Sergio Mendes & Brasil '66 <Night and Day> • The Drums <Let's Go Surfing> • Kainalu <Finding Pe
st <Show Me How> • Fake Laugh <Better for Me> • Kamasi Washington <Cherokee> • Eliane Elias <That's All It Was> • Michael Franks <Soulma
ons <Take a Girl Like You> • 山下達郎 <Loveland, Island> • 竹内まりや <夢の続き> • 一十三十一 <Swept Away> • Tower of Power <You're Still a You
aye <Soon I'll Be Loving You Again> • Ohio Players <Love Rollercoaster> • Bobby Caldwell <What You Won't Do for Love> • Alex Burey
anderley <Surfboard> • Daft Punk(ft. Todd Edwards) <Fragments of Time> • Thundercat <Walkin'> • Pet Shop Boys <The
ole <Mr. Melody> • Bob James <You're as Right as Rain> • The Tams <This Precious Moment> • Cesária Evora <Sodade> • Tahiti 8
vo> • Joao Gilberto <Estate> • The Whitest Boy Alive <Keep a Secret> • Pet Shop Boys <Se a Vida é> • The Beach Boys <Don't Wor
on <The Bottle> • Bebel Gilberto <So Nice(Summer Samba)> • Chrisette Michele(ft. Ne-Yo) <What You Do> • Bernard Herrmann <Theme from Taxi Driver(Reprise)> • Ste
Blue> • Al Green <Let's Stay Together> • Lô Borges <Clube da Esquina 2> • 竹内まりや <Plastic Love> • Sarah
a> • Sean Nicholas Savage <Disco Dancing> • Nujabes <Aruarian Dance> • Beach Fossils <This Year> • テーブルにひとびんのワイン <Drinking Wine> • Pizzicato Five • TV Girl <H
<Slow Motion Bossa Nova> • Ella Fitzgerald <Wait till You See Him> • Pizzicato Five <Drinking Wine テーブルにひとびんのワイン> • Tim Maia <Let's Have a Ball Tonight> •
> • Novos Baianos <Acabou Chorare> • 롤러코스터 <너에게 보내는 노래> • Bahamas <Show Me Naomi> • Biel Ballester Trio <Your Shining Eyes> • Horsebea
<Spinning Wheel> • Al B. Sure! <Nite and Day> • Celso Fonseca <I Talk to the Wind> • Gibbz <Stay for a While> • Belle and Sebastian <Ease Your Feet in the
ild High Club <Skiptracing> • Earth, Wind & Fire <Beijo (Interlude)> • BROCKHAMPTON <Summer> • Amy Winehouse <Valerie> • Todd Rundgren <It Wo
ou> • Boz Scaggs <Jojo> • Terry Hall <I Saw the Light> • Nina Simone <Just in Time> • 015B(ft. 성지훈) <그대의 향기> • Chet Baker <But Not fo
Yourself> • Bruno Major <Like Someone in Love> • Mac Ayres <Slow Down> • Danilla <Berdistraksi> • 권성연 <한여름 밤의 꿈> • Sondre Lerche & Regina Spe
ery <Polka Dots and Moonbeams> • Rubén González <Melodía Del Rio> • Boz Scaggs <Lowdown> • The Sandals <Theme From Endless Summer> • The
• Ripe <Ladies Night> • The Internet <Under Control> • Gym and Swim <Yuuwahuu> • Triathlon <Hawaiian Boi> • 빛과 소금 <샴푸의 요
h Boys <The Surfer Moon> • Roberta Flack & Donny Hathaway <Where Is the Love?> • Simply Red <Angel> • Thundercat <Them Changes> • Charlie Haden
ew Spin> • Pictured Resort <Away to Paradise> • 산울림 <아마 늦은 여름이었을 거야> • Ivan Lins <Setembro> • Nils
endes & Brasil '66 <Fool on the Hill> • 2018, McCoy Tyner Trio <When Sunny Gets Blue> • Steely Dan <Peg> • The Velvet
und <I'll Be Your Mirror> • Mae Muller <Anticlimax> • Serge Gainsbourg <L'anamour> • Jean-Michel Bernard<If You Rescue Me(Chansons
It Hurts> • Céu & Herbie Hancock <Tempo De Amor> • Eumir Deodato <The White Puma> • The Avalanches <Because I'm Me> • El DeBarge <Hea
e Glasses> • Nils Landgren <This Masquerade> • Marvin Gaye & Tammi Terrell <Something Stupid> • Art Tatum & Ben Webster <M
ve> • Kool & The Gang <Joanna> • Jay Som <Crown> • Brittany Howard <He Loves Me> • The Isley Brothers <Between
<League> • Mitski <Nobody> • Everything But The Girl <Rollercoaster> • Laurindo Almeida <The Lamp Is Low> • Earth, Wind &
nd & Fire <September> • Donna Summer <On the Radio> • The Meters <Cissy Strut> • Robbie Williams <Have You Met Miss Jones?> • Corin
• Destroyer <Blue Eyes> • Homeshake <So She> • Brick <Ain't Gonna Hurt Nobody> • Bread <Make It with You> • Devendra Banhart <Love Song
Marcos Valle <Chup, Chup, I Got Away> • Pat Metheny Group <(It's Just) Talk> • The Verve <Sonnet> • Luther Vandross <N
• 윤상 <한 걸음 더> • John Cameron <Liquid Sunshine> • Sandro Brugnolini <Adrie's Dream> • Simon & Garfunkel <America> • Super Furry Ani
& Stevie Wonder <We Didn't Know> • Christopher Owens <Heroine(Got Nothing on You)> • Michael Franks <Antonio's Song(The Rainbow)> • Mo
w & Brian Bennett <Alto Glide> • Craft Spells <Nausea> • Mild High Club <Homage> • 빛과 소금 <조바심> • The Cardigans <Carnival> • Blue Lab Beats <Skipp
Feel Like Loving You Today> • Steve Miller Band <Fly Like an Eagle> • Aim <Good Disease> • Guru & Eryka Badu <Plenty> • Bobby Humphrey <You
y It?> • Cosmo Pyke <Chronic Sunshine> • Big Thief <Paul> • Yo La Tengo <Autumn Sweater> • Michael Franks <The Lady Wants to Know> • Ea
vers> • Bebel & Cazuza <Preciso Dizer Que Te Amo> • The Jones Girls <This Feeling Is Killing Me> • ケン田村 <Little Bit Easier> • Mayer Hawthorne <A Strange Arr
• Rodriguez <I Think of You> • Cheryl Lynn <Got to Be Real> • Bedouine <Nice and Quiet> • Witch <Let's Get Together> • Tevin Campbell <Can We Talk>
ig City Blues> • The Cardigans <Gordon's Garden Party> • Tobias Jesso Jr. <Without You> • EVERFOR <氷咖啡
he Traveling Wilburys <Handle with Care> • 고찬용 <거리풍경> • Jamiroquai <Cosmic Girl> • Lauren Wood <Fallen> • George Michael <Kissing a
s> • Mark Barrott <Brunch with Suki> • Scissor Sisters <I Don't Feel Like Dancin'> • Hard Life <Slow Motion> • Frank Ocean <Super Ri
nd Out> • Culture Club <Miss Me Blind> • Gotan Project <Queremos Paz> • Cuco <Lava Lamp> • Barry Manilow(ft. Sarah Vaughan) <Blue> • Yvonne E
<Half Forgotten Daydreams> • Vashti Bunyan <Coldest Night of the Year> • Billy Joel <Rosalinda's Eyes> • Antonio Carlos Jobim <Wave> • Earth, Win
llum <Mind Trick> • TEMPOREX <Nice Boys> • Pulp <Disco 2000> • Chrissie Hynde <I Wish You Love> • Nick Drake <On
• Kristen Bell <Love Is an Open Door> • Preta Gil <Espelhos D'agua> • Heatwave <Happiness Togetherness> • Anita Baker <Caught Up in the
ite <Never, Never Gonna Give Ya Up> • Vince Guaraldi Trio <Linus and Lucy> • Barbra Streisand(ft. Barry Gibb) <Guilty> • Sebastian Roca <You> • 카더가든 <너의
ongratulations> • Polaris <深呼吸> • Jakob <Velvet Light> • Yung Bae <Laa La Laaa> • Lamp <今夜も君にテレフォンコール> • Paul McCartney <W
<Untitled> • Ibrahim Ferrer <Dos Almas> • Ella Fitzgerald <All the Things You Are> • Arlo Parks <Super Sad Generation> • Michelle Pfeiffer <More T
> • Wish You Love> • Winter & Triptides <Desaparecidos> • Carol Welsman <You Take Me Away> • Paul McCartney & Wings <My Love> • John &
avier Cugat and His Orchestra <Perfidia> • 언니네 이발관 <아름다운 것> • Carmen McRae <Don't You Worry 'bout a Thing> • Burt Bacharach <S
구> • Fleet Foxes <Lorelai> • Barrie <Darjeeling> • Billie Holiday <Easy Living> • James Taylor <Your Smiling Face> • Wham! <Last Christma
nehouse <Help Yourself> • F. R. David <Words> • Arcade Fire <Everything Now> • Lionel Richie <All Night Long> • Yambu <Sunny> • Orange
• 아소토유니온 <Think about' Chu> • Julie Delpy <A Walts for a Night> • 박성연 <바람이 부네요> • The Zombies <This Will Be Our Year> • Mk.gee
onts <I'm Through with Love> • Cola Boyy <Beige 70> • The Internet <Doncha> • David Bowie <Ashes to Ashes> • Foxygen <San Francisco
urg / St. denis> • Lou Donaldson <It's Your Thing> • Toni Braxton <Love Shoulda Brought You Home> • Billy Paul <Me and Mrs. Jones> • Jos
co Moderno <Vivir por Vivir> • Gary Burton <Tiempos Felices> • Gal Costa <Baby> • The Marías <Cariño> • Tahiti 80 <The Train> • Klaus Jo
• Blur <Girls & Boys> • Nightmares on Wax<Hey Ego!> • 角松敏生 <Off Shore> • Charlie Haden & Gonzalo Rubalcaba <De Siempre> • Parlia
ounty <Pluto Projector> • cero <Orphans> • Brahny <Auburn> • Omara Portuondo <Amore de Mis Amore> • The Marías <Ruthless> • José
Song> • The Jones Girls <Nights over Egypt> • Pete Yorn & Scarlett Johansson <Relator> • Poom <De La Vitesse à L'ivresse> • 김트리오 <그
미> • Phyllis Hyman <No One Can Love You More> • Cal Tjader & Carmen McRae <Upside Down> • Tame Impala <The Less I Know the Bett
lter <It's All There> • Mary J. Blige <Family Affair> • 고상지 <출격> • Munya <It's All about You> • Al Jarreau <Mornin'> • Tamba Trio <Bei
g Good> • Ambrosia <Biggest Part of Me> • Celso Fonseca <Samba é Tudo> • Julien Baker
See You> • Khruangbin <Two Fish and an Elephant> • My Morning Jacket <Only Memories Remain> • Paul Cherry <Like Yesterday> • Cindy
Paltrow <Bette Davis Eyes> • Emily King <Distance> • The Moldy Peaches <Anyone Else But You> • Michael McDonald <I Keep Forgettin'> • temp
• Whitney Houston <Saving All My Love for You> • MC Hammer <Have You Seen Her> • SALES <Big Sis> • Jungle <Casio> • Ibrahim Ferrer(ft. Omara Portuondo) <Silencio>
Eyes> • Daft Punk <Around the World> • Tower of Power <What Happened to the World That Day?> • The Walters <I Love You So> • F

Rosemary Clooney & John Pizzarelli <Waters of March> • Chet Baker <Let's Get Lost> •
n and Write Myself a Letter> • Henri Salvador <Jazz Mediterranée> • Summer Salt <Heart and My Car> • Nat King Cole <Aquellos Ojo
Project <Don't Answer Me> • Astrud Gilberto <Tristeza> • 민수 <민수는 혼란스럽다> • Delegation <Someone Oughta Write a Song About You
nd Michael> • Pages <Let It Go> • OlliePop <Sun Baked in Iced Tea> • Cesária Evora <Maria Elena> • El Chicano <Tell Her She's Lovely> • Yo
eed the Fire Anymore> • George Benson <Give Me the Night> • Frank Ocean <Sweet Life> • Sade <Nothing Can Come Between Us> • A Tas
ers Johnson <Strawberry Letter 23> • Yazoo <Only You> • Jermaine Jackson <You Like Me Don't You> • VIDEOTAPEMUSIC <Fiction Roman
ria Eres Tu> • Al Green <Sha La La> • Men I Trust <Morse Code> • Lisa Stansfield <A Little More Love> • Todd Rundgren <Hello It's Me> • 山
vate Beach> • A Tribe Called Quest <Bonita Applebum> • Donald Fagen <New Frontier> • 이소라 <Bye Bye> • Jacob Collier <Make Me Cry> •
ve Song> • Usher(ft. Monica) <Slow Jam> • KIRINJI <Good Day Goodbye> • The Gap Band <Outstanding> • Dwele <Truth> • Lee Ritenour
ingdong> • Snoh Aalegra <Fool for You> • Alabama Shakes <Guess Who?> • Tom Misch <It Runs Through Me> • Natalia Lafourcade <Amor,
all in Love Too Easily> • Santigold <Lights Out> • ELO <Mr. Blue Sky> • 킹스턴 루디스카 <Top o'the Morning> • Ivan Lins <iluminados> • Gro
low> • Towa Tei <La Douce Vie(Amai Seikatsu)> • Janelle Monáe <Locked Inside> • The Frightnrs <Gotta Find a Way> • Rachael Yamagat
mir Deodato <San Juan Sunset> • Billy Lawrence(ft. MC Lyte) <Come On> • The Dawdler <Lava Lamps> • Cesária Évora (ft. Caetano Velo
의 밤> • Sleeping Jesus <Cigarette Skies> • Bee Gees <Night Fever> • Bevo Valdés & Diego el Cigala <Eu Sei que Vou Te Amar> • 松原みき
o al Sur> • Bill Withers <Lovely Day> • Natalie Prass <Hot for the Mountain> • 우효 <Pizza> • Bebo Valdes <Lily> • Elvis Presley <It's Impos
derson Paak <Make It Better> • Dusty Springfield <Spooky> • Phoenix <If I Ever Feel Better> • Rudy Linka <Field of Sco> • Cake <I Will Su
• Summer Salt <Driving To Hawaii> • McKenzie & Gardiner <From Time(Groove Version)> • SWV <All Night Long> • Thomas Headon & Liz
ban All Stars <Homenaje a Marta Valdés> • Lauv <Paris in the Rain> • 윈디 시티 <Silky Silky Love Song> • Mina <Se Telefonando> • HARVA
lli & Yo-Yo Ma <Just One of Those Things> • 노이즈 <조금만 천천히> • Billie Eilish <8> • Jamiroquai <Stillness in Time> • Feist <Mushaboom> •
e Pink Robots Pt 1> • Cartola <O Mundo é Um Moinho> • Kamasi Washington <The Rhythm Changes> • 장필순 <나누니나> • Phum Viphurit
ndsome Boy Modeling School <I've Been Thinking> • Gabor Szabo <Breezin'> • Lewis OfMan <Plein de Bisous> • Connan Mockasin <Mome
Deodato <Love Island> • Love <Always See Your Face> • 坂本慎太郎 <My Memories Fade> • 조원선 <넌 쉽게 말했지만> • Ry Cooder <Chloe> • Pi
angelo Antonioni> • Marvin Gaye <After the Dance> • Robbie Williams & Rupert Everett <They Can't Take That Away from Me> • Fred
ggy Pop <I'll Be Seeing You> • Julia Holter <Feel You> • MIKA <Rain> • Bill Evans & Jim Hall <Angel Face> • Novos Baianos <A Menina Da
The Style Council <Have You Ever Had It Blue> • 阿川泰子 <スキンドゥ・レ・レ(Skindo-Le-Le)> • Take That <I Found Heaven> • Swan Dive <
Bomb> • Cal Tjader <Morning> • Black Eyed Peas <Joints & Jam> • Solange <I Decided> • ANRI <Last Summer Whisper> • Pharrell William
<Dreams Tonite> • Donny Hathaway <Love, Love, Love> • Mereba <Sandstorm> • The Supremes <Stop! In the Name of Love> • Michael Ja
nd I> • Angela McCluskey <It's Been Done> • McClenney <Glide> • Tennis <In the Morning I'll Be Better> • Sol Hoopii's Novelty Trio <Ka
Keys(ft. Jimmy Cozier) <Mr. Man> • Metronomy <The Look> • Blossom Dearie <Put On a Happy Face> • Kool & The Gang <Summer Madne
Hear> • Odyssey <Lucky Star> • Ronny Jordan <Mambo Inn> • The Lovin' Spoonful <Do You Believe in Magic?> • Fairground Attraction <
olt Unlimited <Soulful Strut> • Omara Portuondo(ft Chico Buarque) <O Que Será> • Super Furry Animals <Northern Lites> • Alpharo <Stu
Incognito <Still a Friend of Mine> • Average White Band <Pick Up the Pieces> • The Blackbyrds <Dreaming about You> • Marlena Sha
ne 7th • Raphael Saadiq <Never Give You Up> • Casiopea <What Can't Speak Can't Lie> • Deniece Williams <Free> • Vulfpeck <Back Pocke
Say I'm in Love> • Sade <Your Love Is King> • Lonnie Smith <It's Changed> • Blackstreet <Happy Song(Tonite)> • Ronnie Foster <Mystic Br
)> • ELO(ft. Olivia Newton-John) <Xanadu> • Erlend Øye <Rainman> • Belle and Sebastian <Funny Little Frog> • Eumir Deodato <Speak
ntaloupe Island> • ミツメ <Ghost Dance> • PHONY PPL <Why iii Love the Moon> • The Beatles <This Boy> • The Explorers Club <Forever>
Where's Summer B?> • Devendra Banhart <Mi Negrita> • Young Tender <Me Gustas> • 2017, Smokey Robinson <Being with You> • 듀스 <In
Mind> • Toploader <Dancing in the Moonlight> • 조정현 <그대 생각뿐> • Walter Wanderley <Cry Out Your Sadness> • Good Morning <Warne
arlena Shaw <California Soul> • The Beach Boys <Your Summer Dream> • Yuno <No Going Back> • naomi & goro <Rosinha> • Danilla <Ad
> • Nara Leão <O Barquinho> • Jakob <You Might Be Sleeping> • 조갑경 <입맞춤> • Caetano Veloso <Lindeza> • PREP <Who's Got You Sing
World> • Player <Baby Come Back> • Ivan Lins <Lembra de Mim> • Silvetti <Spring Rain> • TLC <Diggin' on You> • L'Impératrice <Sonate
ds> • Sun Rai <San Francisco Street> • Marcos Valle <Seu Encanto> • 大貫妙子 <都会> • The Real Thing <Rainin' Through My Sunshine> • Bre
Times> • Fishmans <Baby Blue> • Crystal Waters <The 'Boy' from Ipanema> • Aztec Camera <Oblivious> • Janelle Monáe <Neon Valley
> • Ernest Ranglin <You Won't See Me> • Robert & Johnny <Dream Girl> • Leven Kali <Smile> • Damon Albarn <Lonely Press Play> • Bre
nder <I'd Be a Fool Right Now> • a-ha <Take on Me> • Gorillaz <On Melancholy Hill> • Remy Shand <Rocksteady> • PREP <Snake Oil> •
an(ft. Clifford Brown) <It's Crazy> • Mac DeMarco <Let My Baby Stay> • Classixx <All You're Waiting For> • Donald Byrd <You and the Mu
rself> • Jamiroquai <Little L> • Michael Jackson <I Wanna Be Where You Are> • George Benson <Breezin'> • Seu Jorge <Life on Mars> • Jen
esmond <Samba with Some Barbeque> • Lonnie Liston Smith & The Cosmic Echoes <Summer Nights> • Bobby Caldwell & Jack Splash <Br
Hearts Longs for You, Pizza> • Tom Misch(ft. Loyle Carner) <Crazy Dream> • El Kanka <Canela en Rama> • 山下達郎 <Jody> • DJ 소울스케이
Roberta Flack <Feel Like Makin' Love> • Rhye <The Fall> • Arto Lindsay <Child Prodigy> • The Libertines <Music When the Lights Go Out> •
Make Any Difference> • Stevie Wonder & Dionne Warwick <It's You> • HAIM <Summer Girl> • Delegation <Oh Honey> • America <Tin Man>
Kali Uchis <Feel Like a Fool> • Stéphane Grappelli & Yo-Yo Ma <I Concentrate on You> • Luis Miguel <La Barca> • ラジ & 南佳孝 <Tokyo T
ell No> • Alice Smith <Another Love> • Gregory Porter <Take Me to the Alley> • Tom Misch(ft. Poppy Ajudha) <Disco Yes> • The Beach Boys
cs <Can't Give You Anything (But My Love)> • Max Pope <All That I Need> • Musiq Soulchild <Yes> • The Main Ingredient <Everybody Plays
et Baker <It's Always You> • Van Morrison <Moondance> • Tuxedo <Do It> • Christopher Cross <Arthur's Theme> • Quadron <Sea Salt> •
etheny <The Moon Song> • Carl Carlton <Everlasting Love> • Mocky <Soulful Beat> • Karen O <The Moon Song> • Elton John <Bennie and
en <I Will Survive> • Pure Bathing Culture <Palest Pearl> • Barry White & Love Unlimited Orchestra <Love's Theme> • Mac Ayres <Easy>
round <Who Loves the Sun?> • The Ramsey Lewis <Whisper Zone> • Bruno Nicolai <In Automobile> • 松下誠 <September Rain> • Rupert
nats)> • Fantastic Plastic Machine <Steppin' Out> • Maria Muldaur <Midnight at the Oasis> • The Glitterhouse <I Love All the Love in You>
& Soul> • Monsune <Outta My Mind> • TOTO <Georgy Porgy> • Shalamar <A Night to Remember> • 녹두 <오늘 같은 밤> • Shirley Horn <I Jus
> • Amy Winehouse <Tears Dry> • Heatwave <Sho Nuff Must Be Love> • Stevie Wonder <My Cherie Amour> • Pet Shop Boys <Being Borin
ets> • Moonchild <Strength> • Toots Thielemans <Bluesette> • Michael Franks <Popsicle Toes> • Van McCoy <The Hustle> • Vacationer <
ruisin'> • Daniel Caesar <Japanese Denim> • Robert Palmer <Every Kinda People> • Lenny Kravitz <It Ain't Over 'til It's Over> • Kenny Log
ey Rae <Been to the Moon> • The Peddlers <On a Clear Day You Can See Forever> • PREP <Cheapest Flight> • CHIC <I Want Your Love> • 1
5th Dimension <One Less Bell to Answer> • Shuggie Otis <Inspiration Information> • Nouvelle Vague <Heart of Glass> • Al Jarreau <We're
o Much> • 윈디시티 <Love Supreme> • Ella Fitzgerald & Louis Armstrong <Our Love Is Here to Stay> • Leroy Hutson <So in Love with You
uxtaposed with U> • Angela Bofill <Share Your Love> • TLC <Creep> • Beach House <Myth> • William DeVaughn <Be Thankful for What You
ady(Hear Me Tonight)> • Labi Siffre <My Song> • WONK <Savior> • 아도이 <Wonder> • John Legend <Maxine> • Cortex <La Rue> • Donald B
llie Bobo <This Guy's in Love with You> • Carla Bley <Lawns> • Marvin Gaye <When Did You Stop Loving Me, When Did I Stop Loving You> •
e Feel So Good> • 정원영 <다시 시작해> • 2019, Men I Trust <Numb> • Andy Gibb <I Just Want to Be Your Everything> • Gwen Bunn <Let Me>
<Lullaby of Birdland> • Mac Ayres <Under> • Parcels <Tieduprightnow> • Michael Jackson & Paul McCartney <The Girl Is Mine> • Leon
ent> • Darondo <Didn't I> • Lou Reed <Walk on the Wild Side> • Quadron <Better Off> • Blur(ft. Francoise Hardy) <To the End> • Barry Ma
King Cole <Walkin' My Baby Back Home> • Lianne La Havas <Green & Gold> • Art Garfunkel <I Only Have Eyes for You> • Ned Doheny <A
el Olsen <Spring> • Matteo Brancaleoni <This Is My Life> • Nohelani Cypriano <Lihue> • Toro y Moi <Still Sound> • Brian Eno & David Byr
• Charlotte Gainsbourg <Dandelion> • Jamie Cullum <What a Difference a Day Made> • ラジ <Hold Me Tight> • Myrra Malmberg <Taxi Dr
> • Ahmad Jamal <Soul Girl> • Eddie Kendricks <Girl You Need a Change of Mind> • Mallrat <For Real> • Lauryn Hill <Doo Wop(That Thi
<If I Can't Have You> • Henri Salvador <Une Chanson Douce> • Jamiroquai <Space Cowboy> • Westerman <Confirmation> • The RH Facto
e <That's the Way of the World> • King Krule <The Noose of Jah City> • Basia <Third Time Lucky> • Sean Lennon <Into the Sun> • Arthur V
ese Things First> • Michael Seyer <Lucky Love> • Richard "Groove" Holmes <Misty> • Thundercat <Show You the Way> • Bobby Caldwell <
ure> • Nick Hakim <I Don't Know> • Ice Choir <Cut Down the Tree> • Okey Dokey <Wavy Gravy> • 조용필 <단발머리> • Ronny Jordan <No Pay
• Goldfrapp <Black Cherry> • JMSN <So Badly> • MIKA <Relax, Take It Easy> • El DeBarge <Can't Get Enough> • Stereolab <Lo Boob Oscill
ul Christmas Time> • Diana Ross <Ain't No Mountain High Enough> • Shanice <I Love Your Smile> • Cigarettes After Sex <K.> • Zhané <Cru
u Know> • Sugar Candy Mountain <Sucette> • Iron & Wine <New Mexico's No Breeze> • Ray Charles & Betty Carter <Baby, It's Cold Outside
Happy Xmas(War Is Over)> • The Delfonics <Didn't I (Blow Your Mind This Time)> • Jamie Cullum <Singin' in the Rain> • akiko <Before Daw
merican Getaway> • Sunset Rollercoaster <My Jinji> • The Manhattan Transfer<I Know Why (And So Do You)> • She & Him <Mele Kalikimaka
yz II Men <Let It Snow> • Raveena <No Better> • Rigmor Gustafsson & Nils Landgren <I Will Wait for You> • Cehryl <Knock on Wood> • Whit
ittle Man> • James Taylor <Don't Let Me Be Lonely Tonight> • Pooh <Fantasia> • The Manhattan Transfer <Sing Moten's Swing> • Brad Sta
Year> • The Beatles <Sun King> • Ingrid Michaelson <The Way I Am> • Mellow Fellow <Dancing> • Carpenters <(They Long to Be) Close to Yo
rpenters <We've Only Just Begun> • The Jacksons <Blame It on the Boogie> • Herrick & Hooley <Attention> • Moses Sumney <Plastic> • Re
s <Save Your Love for Me> • Mild High Club <Kokopelli> • Karen Souza <Paris> • Duke Jordan <Glad I Met Pat> • Marble Sounds <Come Her
Grobe <Ein Guter Tag> • PIZZICATO FIVE <Magic Carpet Ride> • The RH Factor <Forget Regret> • Los Retros <Never Have Enough> • We Are
Flash Light> • Pool-Pah <Sour Soul> • Bobby Womack <Across 110th Street> • Bruce Hornsby & the Range <The Way It Is> • Moonchild <The
<Promise in Love> • Bebo & Chucho <Tea for Two> • Roy Ayers <Searchin'> • PREP(ft. Cory Wong & Paul Jackson Jr.) <Line by Line> • DJ
정히> • Rex Orange County <Loving is Easy> • David Gates <Silky> • Daft Punk <Something about Us> • Esperanza Spalding <I Know You Kn
et Shop Boys <West End Girls> • Ricchi e Poveri <Sarà Perché Ti Amo> • Debra Laws <Your Love> • The XX <Basic Space> • Anita Baker <Sw
> • Whitney <Golden Days> • Unknown Mortal Orchestra <Hunny Bee> • Leo Sayer <You Make Me Feel Like Dancing> • Rufus & Chaka Kh
ned Ankle> • Peter Campanelli <I've Got to Leave> • Nouvelle Vague <Dance with Me> • Isaac Lewis <Worry> • The Cardigans <Celia Insid
信じていて> • Carole King <It's Too Late> • Miel de Montagne <Fragile> • Julie Delpy <An Ocean Apart> • The Psychedelic Furs <Ghost in Y
alifornia> • Sade <Maureen> • Panic! At The Disco <Death of a Bachelor> • Matilda Mann <Nothing at All> • 트램폴린 <Such a Clown> • Lucky
reole & The Coconuts <I'm a Wonderful Thing Baby> • Paula Abdul <Next to You> • Saint Motel <My Type> • RINI <Camped> • BADBA
Cartney <Only Our Hearts> • Jack Johnson <Banana Pancakes> • Dollar <Give Me Back My Heart> • Tuck & Patti <Taking the Long Wa

하와이 딜리버리

초판 1쇄 인쇄 2025년 7월 25일
초판 1쇄 발행 2025년 8월 12일

지은이 김하나 황선우
펴낸이 배윤영
디자인 강경신

펴낸곳 아키노프
출판등록 2024년 10월 11일 제2024-000078호
전화 070-8080-2795
팩스 0504-189-6276
이메일 akindof@akindof.co.kr

ISBN 979-11-993112-0-6 03810

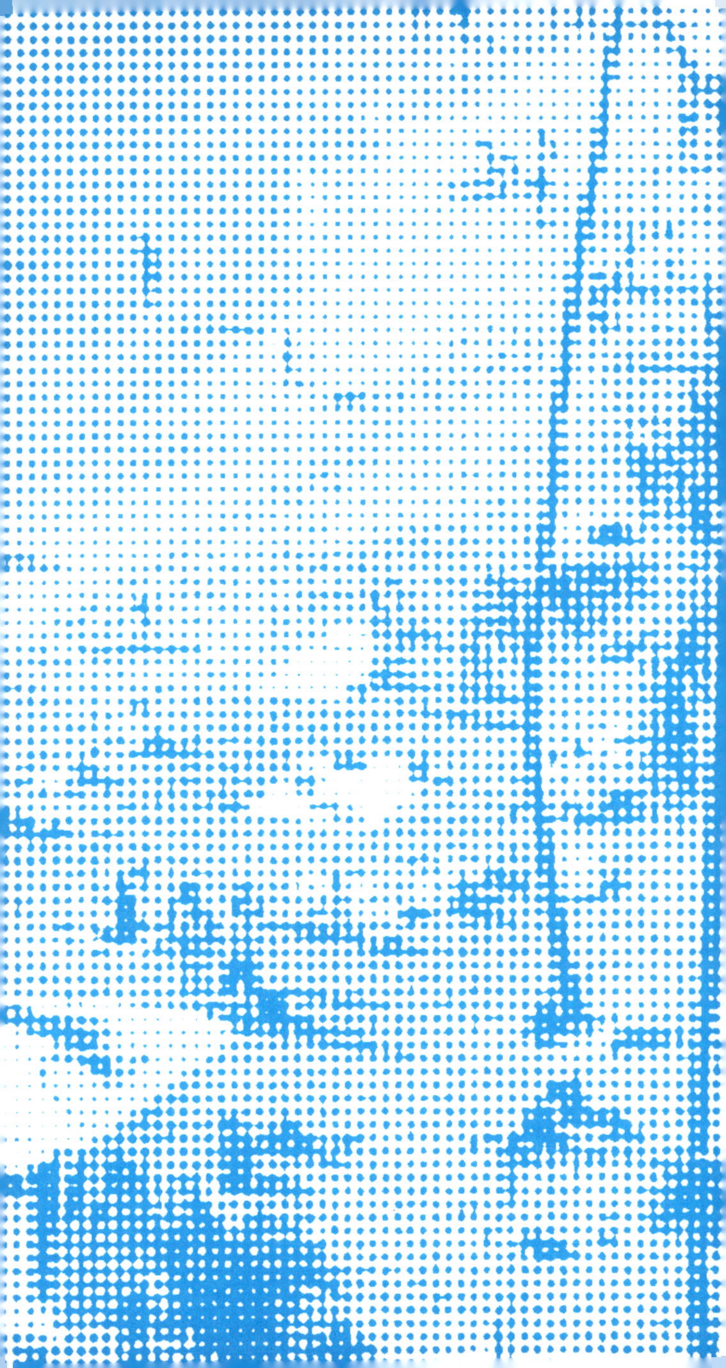